活出你的原廠設定

正視內在渴望，完整接納最初始的自己

蘇予昕——著

LIVING OUT THE ORIGINAL YOU

方舟文化

獻給所有覺得自己不夠好的你

第二章　為什麼我們總焦慮自己的不夠完美？……111

第三章　活出你的原廠設定……199

初衷——寫給所有「覺得自己不夠好的人」

我從未看過一朵花想成為一棵樹，或一匹馬想成為一頭獅，唯獨只有「人類」這個物種會告訴我：「啊，如果我像第一名模白富美就好了！」、「要是我有超高智商一定會順利很多」、「如果我爸是台灣首富，我就不必過得這麼辛苦了！」……彷彿自己如果不是自己，就能一帆風順了。

想「讓自己變得更好」可說是人類的天性，但**為什麼我們都已經這麼努力了，還是沒有成為更好的自己呢？**

如果你也如此質疑、哀嘆過，請容我合理地推測，你尚未改變的原因並非不夠努力，反倒是太努力了，卻遺漏了一個最重要的元素——好好地「接納自己」。

「接納」並非一種固定、永恆不變的狀態，而是一趟旅程；「接納」也絕非要你被動、消極的認命，它是過度賣力的現代人最忽視的「軟性力量」，你得學會放鬆、放過、放下，才能真正「完整」。

簡單來說，接納自己有三步驟：

第一步，誠實地認識自己，而非包裝過、想像中的自己，將你愛的、不愛的自己通通抱進來，一個也不能少。

第二步，將你所經歷的境遇，孰好孰壞，都用來更深刻地認識自己，每一件事、每一種體驗、每一段相遇，皆是為了讓我們發現最全面的自己。

第三步，基於前兩步驟對自我的認識與瞭解後，跟隨你的特質、發揮你的天賦，並且有勇氣去卓越屬於你的「原廠設定」。

或許「接納」，仍是個模糊不清的概念，甚至與你從小被大人告誡的話完全相反，別擔心，這本書會一章一節地帶你認識「接納」，解開過去的「制約」，開始「成為自己」。

你將逐漸發現接納的神奇：**咬緊牙關的「努力」減少了，因為你不再需要逼迫自己成為別人期許的你；放鬆流暢的「投入」增加了，因為你可以享受於渴望的生活中。**

甚至有個案告訴我，「接納」可能有個小小的副作用——你可能會因為「專注於自己想做的事情」而忘記了時間，卻幾乎不覺得累。

如果你已聽見內心的鼓噪，吶喊著說：「我不想再這樣活下去」，但又不知道該怎麼辦、該往哪個方向前進，這正是「成為自己」的渴望在吶喊，我猜也是這樣的召喚，讓你在眾多的書籍中，找到我。

本書的第一章，會帶著我們認識「陰影魔獸」——意指不被我們接納的那些部分，是如何鬼鬼祟祟地阻撓著我們的生命，如果我們只是一心想將之摒棄，只會給予它們更強烈的反彈力量，僅需要辨認、正視他們的存在，給予它們前所未有的愛與關注，它們張牙舞爪的力量會自然消融，甚至有朝一日，成為最得力的員工任你差遣。

第二章將探索我們是否有「接納力不足症」，深入剖析為什麼我們會缺乏接納力？除了對號入座，更希望讀者能帶著疼愛自己的心情閱讀，畢竟接納力不足是環境、原生家庭、成長經驗、創傷等無限多的因素交錯影響而成，帶著覺察，把掉進自責、自憐的內心輕輕拎起，拎回「接納」的懷抱裡。

第三章「活出你的原廠設定」，可以開始見到「接納」的積極面，透過減少改進「短處」的時間，增加發揮「天賦長處」的機會，能讓我們活地更有意義感。成為自己絕非易事，但卻值得用一輩子去實踐。

最後一章，則是好幾個實用的練習，提供你具體提升接納力的妙方。我知道有些朋友不喜歡做練習，認為非常刻意，通常也和我們的「習慣」相違背，但你怎能奢求，用一樣的模式過活，卻獲得不同的結果呢？如果那些勵志、正能量、心靈雞湯的書籍，對你來說都還「差一味」，那你可能正需要這些「正負平衡」、「酸鹼中和」的練習。

保持對自己的耐心，讓我們繼續看下去吧！

蘇子昕

前言——真正的自信

嗨！歡迎你打開本書，我很好奇，選擇這本書的你，正在想著什麼呢？

或許平時的你就喜歡閱讀心理、勵志書籍，讓文字如水分滋潤內在的土壤、如陽光普照心靈的縫隙，但闔上書後不久，同樣的困惑、痛苦、空虛又再次襲來，於是只好繼續尋找下一本書，下一次的療癒。

如果你期待的是得到「正能量補給」，我必須先和你說明，這本書要帶領你去的地方，暫時不是風和日麗或浩瀚宏偉的景色，而是得進入內心那方幽暗的小房間。但我承諾，**這本書會成為一盞夜燈，讓你待在那間小房間時不至於太恐慌，還能保有能量與希望**。

本書的構想，是源自我所欽慕的心理學家——榮格（Carl Jung）的名言：「與其做好人，我寧願做一個完整的人」（"I'd rather be whole than good."）。

在這個不斷要求我們，「成為更好版本的自己」、「沒有最好，只有更好」

的社會裡，我們每天被某種「你不夠好」、「你太慢了」的聲音鞭策，許多人即使擁有外在的高成就，內心仍是充滿對自己的厭惡。

所以，這本書不是一台直達快樂、成功的高鐵，而是一輛每站都得停的區間車，如果你願意，請允許自己慢下來，好好欣賞沿路的風景，無論艷陽天或暴風雨，都會為我們帶來禮物。

這趟旅程，將會看見你喜歡的自己、也會看見那些難以直視的自我，**無論此刻你有多麼抗拒，請試著相信，那些我們所痛恨的陰暗面、我們難以回憶的過往，都有它的能量**。

若放任它四處流竄，它可能會在我們不經意的時候搞破壞，破壞我們的自尊、身體、情感關係或工作成就，但透過有意識地對它進行「收編」，每一塊陰影的能量都將回歸、為你所用，讓你洞悉自我，也不再那麼容易隨身邊的人、事、情境起舞。而這個平衡的狀態，只有讓自己益發「完整」，才能取得。

另外，想特別說明的是，在「接納」與「完整」的修煉路上，我並非各位的老師，而是你們的同學。寫這本書的過程就經歷了不下千遍覺得「這真的會對任何人有幫助嗎？」、「是不是太自以為是了？」等心情，但，在經過這些令人挫敗的感覺後，我知道，這也是「接納」所提醒的，我又獲得了一次邁向「完整」的機會，所以我願真誠地在這本書中分享許多曾讓我感到不堪回首的經驗，目的是想讓你知道，我們都共「同」在「學」，這也許是一條學無止盡的路，卻能讓人越走越清爽！

如果要給你一個想像，看完這本書，能到達何等境界？我會說那可能是一種「真正的自信」感。

真正的自信不是自我感覺良好，而是當我感覺不好，我依然「完整」！

一分鐘自我接納力小檢測

（請於符合你個人狀態的項目打勾）

		完全不符合	少數符合	多數符合	完全符合
1	我的人生中有一些遺憾，仍讓我難以釋懷。				
2	如果過去的某件事能重來，我會做不一樣的決定。				
3	我對某個人、事、狀態或經驗有罪惡感，覺得很抱歉。				
4	我的情緒經常處於不舒服的狀態（也許是憤怒、憂鬱、悲傷、羞愧、緊張、擔心……）。				
5	目前我的生活環境裡（職場、家庭、人際）有讓我很討厭的人。				
6	當我和別人相處時，我對別人的缺點很敏感。				
7	在人際互動的場合中會讓我覺得自己不夠好，擔心被看破手腳。				
8	我覺得自己的命不太好，事情通常不會順我的心意發展。				
9	人應該要勤奮努力，不能安逸享受，否則不可能成功。				
10	我常擔心自己做錯決定，所以會猶豫不決很久。				

11	臉書等社群平台讓我壓力很大，不管是看別人ＰＯ文或自己ＰＯ文，都會引發不舒服的感覺。				
12	我有三個以上的祕密是這世界上無人知曉的。				
13	如果我的渴望和其他人對我的希望相衝突時，我大多選擇符合他人的期待。				
14	如果沒人肯定我，就算自得其樂也沒意義。				
15	我經常在下班、放假或休息時段回覆工作相關的 email、Line 等訊息，即使累了還是會回。				
16	我討厭自己。				
17	當被別人讚美的時候，會覺得不自在，心裡也不太踏實。				
18	我很會觀察其他人的臉色，並作出合乎對方需求的言行舉止，即使跟我的需求違背也是如此。				
19	當有不舒服的情緒出現時，我習慣不去感受，而是找方法馬上轉移自己的注意力。				
20	我獨處的時候有點慌，試圖會去找人陪伴自己。				

請將每一題的分數相加，加出一個總分，並對照接下來的總得分說明，這將反映出你「目前」的身心狀態。（計分說明：完全不符合＝0分，少數符合＝1分，多數符合＝2分，完全符合＝3分。）

在此想特別提醒，接納力並非永恆不變，你的心情、人生境遇、人際關係等都會隨時影響著我們，所以這次的測驗，只能呈現你最近、目前的狀態。

所以即使讀完本書、學會裡頭所有的密技，仍歡迎你三不五時回來使用這個測驗自我檢視，成為你培養覺察的法寶之一。

答題過程中若產生任何情緒，都是正常的，請讓感受自然流淌，或準備一個筆記本，花點時間，將這些重要的故事書寫、紀錄下來，畢竟你活到現在這個歲數，肯定有不少過往影響著此刻的你。這趟旅行我們不趕時間，慢慢來，唯一要遵守的規則，就是對自己「全然地坦承」。

0～15 接納力充足

恭喜你！目前看來你相當接納自己，也活在舒適的狀態中，歡迎你更有意識地去探索，你是怎麼做到的？你如何在外界的評價聲中穩住陣腳，回歸自己？這些探索與思考可以在未來的日子裡幫助你，無論世界如何晦暗，你都有顆宛如明燈的心指引你前進。

16～30 輕度接納力不足

還不錯呦！目前的狀態保持在輕度階段，也許對你的日常並無太大影響，但我猜，仍有一些部分需要釐清與梳理，請你把分數2與3的那幾題圈起來，做一些自我探索，例如：「這個想法是怎麼來的？」、「我想到什麼故事、聲音或畫面？」。

31～45 中度接納力不足

我猜，你已經開始有一些身心狀況，或生命境遇的混沌，請先試著讓擔心站到一旁。我們只需要從此刻起認真關懷自己、傾聽自己，運用本書的練習培養我們的接納力，讓接納變成一種習慣，我相信你的心境必定有所轉化。

46～60 重度接納力不足

你真的辛苦了，好想給你一個紮實地擁抱。這並不是你的錯，我們的現在是集結所有的過去生命經驗得來，但好消息是，現在的你已有所察覺，我們不能再用舊有模式活著，請試著透過本書的練習照料自己，也歡迎你找尋適合的心理師一起共度這段有點艱難的時光。

看完解析後，對於你的接納力指數感覺如何呢？

切記，「接納力」不是一場比賽，沒有輸贏，也不代表你的價值好壞，也許你會聽見心中的急切和批判，很想否認這樣的自己，但請試著放鬆下來，單純以好奇的眼光關懷自己，運用本書，讓你朝著更「完整」的方向前進吧！

第一章

想更完美前 我們先談那些心中魔獸

越不被我們所接納的部分，越會用力箝制我們的人生……
當陰影魔獸被你聽見、關心與馴服，
你就能自由地運用，成為自己真正的主人！

人生中總有某些時刻、某段經歷，會讓你下定決心：「我絕不要成為『那種人』！」因此，某部分的自己，從此被割下來，丟進那陰暗的、你再也不想去整理的小房間裡。

我的國中班導曾在聯絡簿上寫道：「予昕，班上同學都希望你多點『女人味』」。先撇開這句話偏頗的性別刻板印象，的確，在青少年時期，我一直都給人很強勢、自傲的形象；不但得理不饒人，還處處要爭個你輸我贏，當時，我以為這就叫做「自信」，什麼都得贏，才能有自信呀！

可惜，這樣的「自信」並沒有帶給我太多愉快的感受，我記得國二那年參加一場演說比賽，得到第二名，明明應該開心地享受得獎的歡愉，我卻選擇請假在家、把自己鎖在房間，不吃不喝大哭了一整天，氣憤地怒吼：「第二名跟最後一名有什麼不一樣？」而這句話幾乎成為我三十歲前的基調。好像非得是第一，我才有資格得到別人的肯定、才有資格被喜歡、才不會被隱形。

直到三十歲的某一天，我的伴侶問我：「你還要贏過誰，才能快樂？」我不加思索地脫口而出：「美國總統吧！」接著，我安靜了下來，我聽見自己的荒謬。那永無止盡的比較與競爭，我相信就算我真當上美國總統，也無法平息。因為這已和輸贏無關，而是我內心的某個被壓抑已久的騷動，它，有話要說。

我問自己：「贏，到底是為了什麼？」

因緣際會下我進入心理諮商的領域深造，過程中不免要進行千百次的自我探索，我才從一次兒時經驗回顧得到答案。

國小三年級下學期，我因搬家轉到另一間小學就讀，當時媽媽還動用關係讓我進入所謂的「人情班」（班上同學皆是學校老師、主任或員工的兒女，反正就是「達官顯貴」聚集地，班導通常是能讓班級成績特別好或特別嚴格的角色），一開始同學們紛紛對我展現善意，一個說要帶我去校園巡禮、一個說我的洋裝好漂亮，看似一團融洽，也讓本來就開朗的我很快地融入大家。

可惜好景不常，過了幾個禮拜，我開始發現自己不明究理地背上一些莫須有黑鍋——像是花盆破了或外掃區沒掃乾淨。每天總會有些新罪名「自動找上我」，讓我被老師在升旗典禮或午休時罰站，即使我努力解釋這些都不是我做的，老師依然不相信。

後來，我被分配和一位學校老師的小孩同座，當時課桌還是兩人一桌的「連體嬰」，我與這位同學不得不共用抽屜，然而他的抽屜卻始終凌亂不堪，抽屜裡總會出現沒喝完的牛奶及成堆的垃圾。

某天，在我最愛的作文課上，當我正振筆疾書地寫著文章，他卻已早早寫完，一時心血來潮想整理抽屜，瞬間便把抽屜裡所有髒亂物品通通堆上桌，甚至越過城池，侵略到我的作文紙上。我當時跟他說了一句：「請別這麼自私，我還在寫耶！」他就氣憤地衝出教室。

過不到五分鐘，他和他的媽媽——學校的A老師，就出現在教室門口，他媽媽當著全班的面對我大罵：「我家小孩才不要跟『那種人』坐在一起！」背上的黑鍋多到可以開火鍋店的我，老師更是問也不問，直接叫我起身，坐到垃圾桶旁的位子。

當時我低著頭、咬著牙，心裡一直想：「我到底是『哪種人』？」不意外地，我的功課跟著一落千丈，在班上也常跟同學發生衝突，更加坐實了「壞學生」的位置；甚至班導在我請假的那一天，在班上舉行了「最差人緣獎」投票，你們猜猜獎落誰家？哇喔～就是我呢！（女明星式揄眼淚）

這種每天被罰站的生活足足過了一整個學期，直到國小四年級上學期，學校徵求每班要派兩位同學參加校內的朗讀比賽，當時班上只有一位主任的孩子自告奮勇，另一個位置從缺。

班導看了看大家，就戲謔地說：「既然沒人想去，那就派最吵鬧的蘇予昕去好啦！」惹來同學一陣訕笑，我也就這麼硬著頭皮去參加了。

比賽那天，我戰戰兢兢地走上台，朗誦出手中的文章，評審們一雙雙閃著光芒的眼眸，帶著無法忽視地笑意，就像挖掘到什麼奇世珍寶般，直直地盯著我看。比賽結果出爐，出乎眾人的意料，那個被戲謔為最吵鬧的學生──我，得了第一。

從此，我的人生有了轉捩點，我開始受到學校的關注，代表學校參加全國性的比賽，也拿下了冠軍，甚至連校長都因此記功嘉獎，我也間接成為了某種「校長的麻吉」。

在這之後的某天，當我在走廊上再次遇到那位──在教室大聲咆哮，對著全班宣告：「我們家小孩才不要跟『那種人』坐在一起！」的A老師，他竟一改長久以來把我當空氣的態度，主動向我打招呼，甚至揚起殷勤的聲線，過來拉住我說：「哎呦，予昕啊！聽說你得了全國第一名，真是太了不起了！不知道你能不能教教我的孩子呢？」

此刻，就像對一個十歲孩子注射一劑成長激素，瞬間嚐到這世界的某種殘酷跟某種優越混合在一起的複雜滋味，痛恨著這張勢利透頂的臉同時，我也將「當你是第一名，就能讓所有人在乎你」這個信念，深深種下。

但是，無論是不是第一，我都不快樂，內在價值隨著外在評價浮浮沉沉，既自傲、又自卑。我花了三十年，用盡全力讓自己看起來光鮮亮麗，又用盡全力假裝小房間裡的魔獸不存在：一隻肯定會惹大家討厭的勢利魔獸；一隻恨不得大家都失敗的嫉妒魔獸；還有一隻徬徨無助的脆弱魔獸，瑟縮在角落發抖。

我花了好久好久的時間，才能向自己承認：「是的，我有勢利眼；是的，我有嫉妒；是的，我有脆弱。」

心理學大師榮格統稱這些魔獸為「陰影」（Shadow），**那些你內心最想否認的特質、樣貌，你不想被你的伴侶、父母、朋友、老闆看見的，甚至你自己都不想承認的，那個你。**

也許你會將它們深藏在潛意識的地窖中，以為早已拋開了，但它們仍有能力發出一些訊息讓你感覺它們的存在：「我爛透了」、「根本沒人愛我」、「我就是個魯蛇」、「他看清我之後一定會討厭我」……

你也許不曉得，正是這些躲在暗處的魔獸，主導了（或是你會覺得是阻礙了）**我們的人生劇碼，所以是時候了！讓我們拿回主導權、走進小房間，好好地和魔獸來場對話。**

1.1

別忽視魔獸求救的聲音

「心理師，在還沒意識到這些陰影魔獸前我也活得很好啊！現在反而感覺更糟了……到底幹嘛要看見它們？」我不只一次聽見人們這樣告訴我。我懂，我真的懂，有時候我也覺得把一切的苦都怪給「肇事者」，不需要負責，不需要反思，當個我見猶憐的「受害者」根本超輕鬆的！

但是，這也代表著我們把自己的「人生遙控器」拱手讓給身邊的「他」，無論他是父母、伴侶、孩子、老闆、甚至路人，我們只能無意識地被遇見的「人」、「事」、「物」、「境」，操控著我們的喜怒哀樂，卻一點辦法也沒有，這樣想想，也蠻可悲、無助的吧？

所以，真正掌控我們的，並非這些外在所見，而是這些外在所見激發內在陰影魔獸而產生的感受與想法，只要我們願意去傾聽陰影魔獸的聲音，就有機會成為它的駕馭者，成為自己的國王，這個交易聽起來是否划算許多？

「好吧，算可以接受，那我該怎麼傾聽呢？陰影魔獸都躲在哪？」

首先，陰影魔獸跟你的關係一定不太好，畢竟你長久把人家藏在不見天日的小房間，它偶爾偷跑出來又被你嫌棄痛罵，因此我們得要先有些心理準備，跟它初次正面交鋒時得多點耐心，就像接見一位被你壓搾數十年的老員工，請先忍著想反駁、想逃開的心情，聽聽它怎麼說吧！

陰影魔獸出現的時機，不是你想要它來它就隨傳隨到的（至少一開始接觸時，它沒那麼聽從使喚），以下我整理了幾種常見的情境，讓你能稍稍抓住陰影魔獸的現身時機：

當遇到讓你「厭惡」的人時

每天起床出門後，你的一天是如何展開的呢？

在捷運公車上被推擠、被大叔大媽喊著「現在的年輕人怎麼都不懂得讓位、敬老尊賢啊！？」到了公司後，自以為是的老闆開始數落你什麼地方又做錯了，怎麼連這點小事也辦不好？你心裡不爽地 murmur（碎碎念）：「啊不然你來做嘛，看你是能做多好」但依然默默回到座位、打開電腦。

你看見隔壁小陳那張阿諛奉承的嘴臉，做事能力不怎麼樣，「向上管理」能力倒是一流，整天跟在老闆屁股後面像隻哈巴狗，怎麼老闆偏偏就喜歡那種咖？升職的候選名單竟然只有他沒有我，太不公平了。

你聽見左邊 Mandy 用著矯揉造作的聲音跟男同事講話，什麼！她竟然在上班的場合公然調情，這也太噁心了吧，還嬌羞掩嘴笑咧，拜託！她私底下聲音根本不是這樣好嗎？為什麼男人都看不見真相呢？

中午，你接到媽媽打來的電話，叫你借弟弟一些錢，因為他不小心跟人發生車禍，對方要求賠償。你非常憤怒，在心裡怨懟這個行事從不顧後果的弟弟，隨心所欲慣了，賺多少花多少，連自己捅了婁子還要我來負責。媽媽也真是的，老這麼寵著他，把他慣成了一個沒路用的小霸王！

終於下班了，回家途中遇到一個對空氣說話，一下嚎啕大哭、一下仰天長嘯的瘋子，身上滿是污垢和腥臭的氣味，你皺了皺眉頭，心想：這樣的精神病患怎麼沒被抓去關起來，放在路邊嚇人啊！

進了家門，你打開電視，一邊吃著晚餐，一邊怒罵著新聞裡的政治人物：盡是一群只會說空話、自私自利的騙子！我們這些平民老百姓的幸福都是葬送在你們的鬥爭、利益裡，哎呀！真是一個可憐，生不逢時的我啊！

一旦你對眼前的人事物境產生了「厭惡」的感受，這就是陰影魔獸現身的時刻，不論你情感上能否接受，我必須向你介紹一個概念：「**你所厭惡的一切，都在你自己之中**」，無論是大叔大媽的「沒有禮貌」、老闆的「自以為是」、小陳的「阿諛奉承」、Mandy 的「矯揉做作」、弟弟的「不負責任」、精神病患的「骯髒低賤」、政治人物的「自私自利」，你通通都有。

我猜你現在或許已經準備把這本書丟進回收桶，覺得我在胡扯，這些怎麼可能是你？怎麼可能是這個親切待人、苦幹實幹、為生活奮鬥的你？

是的，這些不一定是你「展現」出來的你，但有沒有可能，我們的人生境遇如果偏離了軌道一點點，會不會我們就得展現這些特質了呢？

我非常喜愛美國作家黛比・福特（Debbie Ford）在《黑暗，也是一種力量》[1]一書中所說的這段話：「我們對別人某個行為的憤怒，通常代表我們身上存在尚未解決的部分，我們把自己的缺點『投射』到別人身上。我們審判別人時，其實正在審判自己。」

「投射」是心理學中常見的詞彙，意指我們把心中的所有感受、想法、行為無意識地投影在外界的人事物境中，像是當我們心情鬱悶、又偶遇雨天，就會出現「啊～連老天都替我哭泣」的感想，但投射可不全然都這麼詩情畫意。

當我們對自己的某些情緒、行為、特質感到焦慮時，只要通通推托給外界、他人，彷彿就能減輕這股不安，所謂的「投射」，事實上也是一種「防衛機制」，目的是為了讓我們感覺好些。

人類是自我中心的動物，一切的出發點皆來自於自己。所以，**自身沒有的特質，我們連看都看不見，因此那些讓我們憤怒不已、很有感覺的特質，正是因為我們有，恰好又因為某些緣故不允許被擁有，才能引起我們的關注**。

所以，「厭惡某人」是一個絕佳時機，讓你逮住偷跑出來的陰影魔獸，邀請這些一個又一個的「投射」回家。

當心裡升起「我絕對不要成為『那種人』」時

這類情境最容易發生在我們對父母的看法上。很多個案會告訴我：

「我媽就是那種缺乏安全感，所以不配合她不行的情緒控制狂！我絕對不要成為她『那種人』」

「我爸就是那種沒才幹又整天幻想發大財的人，遇到不如意就喝酒逃避，一點責任感都沒有，我絕對不要成為他『那種人』！」

在成長的過程中，我們多少會對父母產生怨懟，或是因旁觀著父母曲折的生命經驗，使我們極力避免重蹈覆轍。

舉曾經來找我諮商的個案阿傑來說，他是一位非常上進、自我要求甚高的青年，他來找我時說道：「我有個人人稱羨的工作、收入不錯，和太太感情也融洽，但不知道為什麼，我卻越來越不快樂……蘇心理師，請告訴我變得快樂的方

1 《黑暗，也是一種力量：將內心黑暗面化為生命力的〈榮格陰影進化論〉》（*The Dark Side of the Light Chasers*）。

法，不管多難我都願意努力！」

經過一段時間的探索，我們談到了阿傑的爸爸；原來，他的父親是個喜愛捻花惹草的男子，賺來的錢都花在上酒家、包養小三，幾乎沒拿回家過，母親獨自一人扛起所有家務和照顧孩子的責任，還得另外兼兩份工才能養活母子二人，從小阿傑就常聽著母親向自己訴苦：「你千萬不要變成你爸『那種人』，整天只知道玩女人、好吃懶作，你一定要有肩膀！要扛起家的責任！」

說到這裡，阿傑像是被「電到」一般，安靜了下來，他長期共感母親的苦，也承擔了母親的怨，因此下定決心要跟爸爸完全相反，負起責任的同時，卻也關上了享受生命的能力，只要一休息，阿傑就全身不對勁，唯獨拚命工作心裡才感到踏實。

阿傑的例子讓我們了解，**陰影魔獸不一定是大多數人都討厭的特質與行為，而是只要你不接納，就算連「快樂」、「享受」的行為都會被你關進小房間，進而限制了我們活出自己完整性的自由**。

當你因看不下去他人的處境，想給忠告、建議時

多年前的某天，我在家看到一隻蟑螂，驚慌地拿起拖鞋窮追猛打，此時我媽剛好經過，悠悠地問：「妳幹麻要打它？」我氣憤地說：「因為蟑螂長得很醜啊！」媽回：「它覺得妳才醜。」

徒留下錯愕的我，和那隻蟑螂。

多年後，我讀到台大中文系蔡璧名教授《正是時候讀莊子》的惡乎知之篇，裡面有一段挺逗趣的師生對話：

生問：「老師，您知道世事的通則對嗎？」

師說：「我哪會知道啊！」老師一臉古人問號。

生再問：「那您知道哪些事是您不知道的嗎？」

師回：「我哪會知道啊！」

生三問：「難道世事都無法知道嗎！」學生開始有點森七七，覺得這傢伙還配得上當人師嗎？

師三回：「我哪會知道啊！但讓我來試著跟你說說看好了」（音樂下）

「人如果住在潮濕的地方，就會腰酸背痛，但泥鰍卻住得很開心；人住在高聳的樹上會心驚膽顫，猴子卻住得很愜意。人、泥鰍、猴子，誰才知道哪裏是最好的居所呢？」

「人吃牛羊，麋鹿吃草、貓頭鷹吃老鼠。人、麋鹿、貓頭鷹，誰才知道什麼是真正的美味呢？」

「猿猴喜歡獼猴，麋喜歡鹿，泥鰍喜歡魚兒，人類喜歡林志玲跟侯佩岑，但魚兒看到林志玲會嚇得沉入水底，鳥兒看到侯佩岑：『嗨～我是侯主播』會嚇得高高飛走，麋鹿會覺得這兩個沒角又沒毛太怪了吧，頭也不回的狂奔。那猴子、麋鹿、泥鰍和人類，誰又知道天底下什麼才是真正的絕色呢？」

「所以，在我看來，所有的是非仁義、黑白對錯，標準如此紛亂複雜，哪有什麼一定知道的呢！」

在生活中，經常會遇到一種人，我統稱「博士博」，他們聽別人說話，沒聽兩三句就開始給予「建議」、「指導」，並且很快就對他人下評斷，覺得「這就是錯！就是不好！」、「你應該聽我的，我是為你好！」即便你沒有請教他，他還是會自動自發地到你身邊，說三道四、評頭論足，告訴你什麼才是對、什麼才是美、什麼才叫成功、什麼才叫幸福……貶低你的選擇與看法，然後博士博們感覺自己好棒棒、高人一等。

其實你我都曉得，越有智慧的人越安靜，越能把別人的話聽完，宮鬥劇裡，在那邊大聲嚷嚷、虛張聲勢的，都最快領便當。

這些博士博（或許也包括我們自己），經常透過給別人建議、忠告，來逃避自己內心的焦慮。去聽聽看爸爸媽媽對小孩碎念的內容，大多都源於父母自己的陰影魔獸。

例如：「你應該要用功讀書，才會有出息」，這可能是因為父母本身成就感不足，所以將「沒出息」的焦慮，加諸在孩子身上。

當孩子有自己的主見時，長輩很容易以：「你懂什麼？我吃過的鹽，可比你吃的米多」來回應，這可能是長輩們正焦慮於自己的「無知」被發現，所以得假裝比孩子更懂。

勇敢承認吧，我們在蟑螂眼中就是個醜八怪，哪能知道真理是什麼呢？又或者宇宙中根本沒有唯一的真理。

一旦發現自己急著想給別人建議、忠告的時候，千萬不必責怪自己，只要先安靜下來、回到內心，去感受這句建議的哪些部分，其實是在對自己說的？對方真的需要這個建議嗎（是他來請教你，還是你忍不住跑去跟他講）？

抑或給建議本身只是為了讓我們自己舒服一點、優越一點，進而不需要去面對陰影魔獸呢？

下次再遇見「博士博」的時候，你應該也更能看清——他給你的建議，是不是在說給自己聽。

當別人批評你，讓你怒火中燒、極力想反駁時

我們都有被責罵的經驗，無論有沒有道理、無論是不是針對你，一旦你對某些詞彙有激烈的情緒反應，甚至想開口反駁，就是陰影魔獸的現身時刻。

請試著回想，在你被指責的經驗中，哪些詞彙特別能刺痛你？像是一支利箭

狠狠地正中靶心，不偏不倚地讓你立刻跳起來！某些指責詞彙是讓大多數人都很憤怒的，有些則不一定，甚至要到被批評的當下，才會發現自己原來這麼討厭被這樣說。

我猜大部分的人都很討厭被說「醜」，我自己也不喜歡。某次我在西門町的街頭行走時，突然有個路人衝到我面前，對我大吼：「你長得真醜！」當時我最明顯的感受是驚嚇，擔心他會不會有攻擊行為，但被說醜，卻沒有刺中靶心十分的位置，頂多五、六分而已。

之後的某一日，我在家試穿新買的洋裝，覺得花色似乎太大膽了，怎麼搭都不太對勁，這時我的伴侶淡淡地說了一句：「這種花色感覺就只有明星才能駕馭，『平凡人』根本沒辦法！」

霎那間，我直接被「平凡人」這個詞劈中，胸口升起一股熊熊怒火，氣呼呼地回：「我知道我就是個平凡人！用不著你一直提醒我！」根據我和伴侶事後的核對，他當下僅僅是想表達這洋裝的設計太浮誇，沒有針對我的意思，但顯而易見的，「平凡人」就是我的「十分」。

當然，那一刻我的伴侶、包括我自己都很詫異，被說平凡到底有什麼值得這麼生氣的啊？討論之後發現，這也與我在本章一開始說的霸凌經驗有關，我內在有著根深蒂固的執念：「如果太平凡，就有可能會被當成欺負對象，如果夠優秀，連校長都會是你的靠山，但如果不優秀的話，乾脆當個壞學生，至少別人還怕你三分！」因此，我寧可做到最好或全部擺爛，卻難以接納自己的平凡。

這次事件，給了我機會見見被我藏在小房間裡的「平凡」，現在的我，不但接納了平凡，還能享受平凡帶來的自在、平凡獨有的喜悅！

為了讓大家可以對「陰影」的概念更有感，進而辨識出自己壓抑了哪些陰影魔獸，請大家找一個獨處的空間，進行下方的練習。

練習

找出陰影魔獸

我將列出一些詞彙，請你逐一念出來，「我是＿＿＿＿（的人）」，如果念完後有出現情緒反應（憤怒、悲傷、難過、羞愧等），或是想反駁「我才不是這樣！」，就把該詞彙畫線。

如果有不同的強烈程度，也歡迎在畫線旁邊標上代表的數字（1分輕微有感～10分極度強烈），最後留的空白欄位，請自由填寫你的私人經驗。

富有的人、有義氣的人、普通的人、平凡的人、好人、很會捍衛自己權益的人、很隨和的人、很有主見的人、很念舊的人、很會體諒他人的人、性無能、笨蛋、很堅強的人、很好命的人、很幸運的人、好說話的人、天真的人、很隨興的人、簡單的人、高敏感的人、很會吃苦的人、很勇敢的人、沒禮貌的人、骯髒的人、白癡、輸家、沒特色的傢伙、邊緣人、騙子、自私自利的人、自戀者、自大狂、胖子、色狼、挑剔的人、神經病、小氣的人、無趣的人、幼稚的人、無知的人、廢物、鄉愿的人、不男不女的人、懶惰的人、沒品的人、沒家教的人、娘娘腔、句點王、歧視者、不可能出頭天的人、成癮者、愛哭鬼、沒責任感的人、剩女、沒膽的人、白目的人、冷漠的人、刻薄的人、情緒化的人、控制狂、偏心的人、心理有問題的人、爭權奪利的人、施暴者、憂鬱的人、情緒勒索者、淫蕩的人、劈腿者、沒品的人、小人、自以為是的人、噁心的人、愛說大話的人、平凡人、叛徒、魯蛇、殘障、變態、馬馬虎虎的人、鄉下人、一文不值的人、雞婆的人、軟弱的沒安全感的人、奸商、假惺惺的人、高高在上的人、踩著別人往上的人、依賴者、得過且過的人、消極份子、勢利眼、沒公德心的人、宅男、焦慮的人、智障、嘴賤的人、怪人、傭人、有公主／王子病的人、攀權附貴的人、仇女者、衝動魯莽的人、老人家、沒主見的人、有病的人、窮人、賤人、醜人、牆頭草、偽君子、反社會人格者、下等人、大嘴巴、粗心的人、品味差的人、吵鬧的人、俗氣的人、不孝子、仇男者、愛嫉妒的人、欺善怕惡的人、酒鬼、脾氣大的人、強勢的人、第三者、替代品、受害者、愚蠢的人、高談闊論的人、既得利益者、代罪羔羊、政治狂熱者、陰森的人、學人精、政治冷感者、偏激的人、雙面人、抓耙子（台語——意指告密者）、愛慕虛榮的人、軟土深掘的人、仗勢欺人者、唯利是圖的人、有體臭的人、仇富者、可有可無的人……

______、______、______、______、______、

______、______、______、______、______、

______、______、______、______、______、

以上有感覺的詞彙，就是你的陰影魔獸，也許你會很驚訝，這些詞彙竟然會讓你有感覺。

另外，就算你畫了很多條線也別擔心！魔獸一旦被你看見之後，它的力量就會變小，至少你現在已經掌握了它的現身時機。也請持續在你生活中感受，哪些人讓你好討厭、哪些人讓你絕對不想成為他、哪些人讓你很想給他建議，當別人用哪些詞彙攻擊你的時候，你特別覺得憤怒？

保持覺察，成為最懂自己的專家！

1.2

為了被喜歡而戴上面具，卻阻礙了你的命運？

其實我有時候挺羨慕算命師的，總能鐵口直斷地告訴來訪者：「你就是命中帶煞，所以註定碰到這種事」、「你上輩子欠他的，所以這輩子你要來還債」。我這顆天生麻瓜[2]，在諮商中若被個案問道：「心理師，我的命到底有什麼問題？為什麼一直遇到這種人／事？」

我也只能聳聳肩，老實地告訴你——我不曉得；但，即使我們不曉得是不是上輩子跟他結仇，我們依然可以透過陰影魔獸了解這些重複出現的「命運劇碼」，進而停止舊戲重播，開始執導新的篇章。

現在請你幫我幻想一個情境：

你因某些傑出成就獲頒一個獎項，在你上台前主持人將會對觀眾述說一段有關你的描述，在台下等待的你想聽到怎麼樣的形容詞呢？是勤奮努力、聰明絕頂、關懷他人、無私奉獻、耀眼迷人、充滿熱忱、無人能敵、意志堅定還是默默耕耘？

在榮格心理學中，有個和「陰影」相對的名詞叫做「人格面具」（Persona），它指的是我們渴望這個社會看見的那一面，通常我們會竭盡全力地讓這一面發揚光大，而這一面也非常受到我們自己的接納，因此當我們把以上情境想到的形容詞念出來的時候（例如：我是勤奮努力的人），不但不會被「電到」，反倒令我們熱血沸騰。

人格面具有著非常重要的存在價值，它協助我們融入社會、適應制度與禮俗、建立親密關係、追求成就與目標，可說是我們「打造人生藍圖」的必要條件，但，如果我們誤以為面具就是完整的我，那鐵定會出大問題。

當你過度認同勤奮努力，你就可能對享樂放鬆感到罪惡；當你過度認同無私奉獻，你就可能對自我照顧感到不安；當你過度認同耀眼迷人，你就可能對卸下光環的自己無法容忍；當你過度認同意志堅定，你就可能對徬徨無助的自己深惡

2 出自《哈利波特》，意指沒有魔法能力的凡夫俗子。

痛絕……。此時，人格面具下的陰影魔獸，已悄悄成了命運的主宰，讓我們不禁仰天哀嘆「人生好難！」

紐約資深編輯——莎拉．奈特（Sarah Knight）在其著作《改變人生的魔法：管它去死》（*The Life Changing Magic of Not Giving A F*ck*）裡描述，曾就讀哈佛大學的莎拉是眾人眼中的資優生，父母、親友給的幾乎都是讚美、誇獎，這卻差點摧毀她前半輩子的人生。

因為她為了達到這些讚美的標準，不容許自己犯錯、不容許自己偷懶，畢業後在競爭激烈的紐約出版界打拚十五年，無論薪水、職位、名聲都相當過人，但在得到一切的此刻卻迎來人生最憂鬱的低谷時期，無論待在家、去工作、或是上班途中的一分一秒，都令她痛苦到難以呼吸。

最後莎拉決定離職，拒絕繼續活出別人期待的樣子，開始活出自己。這些巨變也使她發現，我們都需要一些「管它去死」的精神，才有心靈的餘裕感受快樂、體驗生命。

我認識不少像莎拉奈特這樣成就非凡、極度努力的個案，若論客觀條件，真的沒什麼好抱怨的，但他們卻有一個共通點——難以感受到快樂，總是憤憤不平地問：「我都這麼努力了，為什麼就是不快樂？」很多人都曾在某些時刻出現這個聲音，但其實，對於「過度努力的完美主義者」而言，這份「不快樂」真是來得恰到好處！

我常笑說，我總是一邊痛苦、一邊感謝自己的感冒時刻，如果沒有感冒，我不知道還要繼續逼迫我的身體到哪裡去，一旦感冒，就只能乖乖就範，躺下來，和身體在一起。

同理可證，當我們怎麼努力都無法感到幸福，這份憂鬱正在盡責地提醒：親愛的，是時候卸下你的人格面具，好好喘息一番吧！

你也有「過度努力」的症頭嗎？想知道自己有沒有不小心戴上完美主義者的人格面具，以下三個問題，邀請你真誠地問問自己：

你是否容易受他人評價的影響？

你是否曾把重要的事拖到最後一刻，或遲遲不肯開始？

你是否永遠為自己設定更高的目標，進而停不下來？

你是否容易受他人評價的影響？

通常，完美主義者行事的「動力來源」是「得到大家的讚賞」，而非「我就喜歡做這件事」，所以完美主義者經常活在別人的眼光、別人的嘴巴中，正因如此，**完美主義者對別人的意見特別敏感，就算是有建設性的回饋，也能讓他坐如針氈**。

我了解，要完全不在乎別人說什麼是不可能的事，我願意向你坦承，我也是期待被讚美、害怕被批評的其中一員，但**我們可以試著練習，不把失敗、挫折和自己的價值連結在一起**，也許在不如意時對自己說：「是的，這次沒有達到我的期待，但我願意再試試看！」

所有成功的光輝璀璨，都是燃燒著失敗所積累的殘骸，我們要深入閱讀偉人的自傳，而非只著眼於他的貢獻；我甚至覺得偉人們最大的貢獻，就在於告訴世界——在成功之前，我經歷了多少失敗、付出了多少暗夜的淚水。

你是否曾把重要的事拖到最後一刻，或遲遲不肯開始？

實不相瞞，孕育這本書的初期，每次打開 word 檔就足以讓我心跳加速、腦袋空白，感受到強烈的焦慮，擔憂寫得不夠好、沒人看、被囤在舊書攤、甚至被網路上的留言攻擊……你懂的，數百種災難化想像，僅需一秒鐘就可以在腦海中上演完畢，把自己嚇出一身冷汗，只好趕快關上電腦去滑個手機壓壓驚。

有時候拖延不代表我們不重視這件事，反倒是太重視了，重視到不知怎麼開始，我猜，我們都曾經有過以下的念頭：「如果用盡全力準備，會不會失敗的時候更丟臉？」、「乾脆別那麼認真吧，這樣即使被否定了，就不是我不好，只是因為我沒盡力而已，好像比較沒那麼難受齁……」。

拖延型的完美主義者容易有「非黑即白」的二分化想法，要嘛做到最完美，要嘛擺爛放棄，我們可以試著學習待在黑與白之間的灰色地帶，找到「也許不完美，但更有用的方法」，像是把一件大事分成數個小部分，一天只需進行於一個部分，讓腦袋無須耗費能量在擔憂失敗，更能專注於眼前。

正在寫這段文字的我，就是從完全無法下筆，看到電腦就肚子疼，到接受自己每天僅僅是打開電腦、開啟word檔，即便乾坐於此吐不出半個子兒也可以，把目標縮小之後，竟然慢慢可以開始寫下一兩行、兩三行字，積少成多，最後成為你手上這一本有厚度的書，感動餒（拭一把作者淚）！

你是否永遠為自己設定更高的目標，進而停不下來？

我的朋友N小姐，大概是我認識的人裡頭最拚命工作的了，經常到了晚上十一點多還在公司加班；有一天N小姐決心加快進度，趕在六點準時下班回家休息，但她離開公司時卻告訴我：「這麼早下班，好有罪惡感喔！不然回家再做點工作好了……」

科技發展前的人類一旦離開公司，就是真正下班，但自從我們擁有了手機後，卻反而時常與工作如影隨形；如果休息、下班、度假的過程中，你發現自己很難專心地放鬆享受，會不時拿起手機檢查公司email、客戶的訊息、老闆的電話，甚至跟工作無關的，你隨時檢查自己的PO文有幾個讚，這些現象都代表你可能患了「目標上癮型」的完美主義。

心理學博士亞當．奧特（Adam Alter）在討論成癮行為《欲罷不能》（*Irresistible: The Rise of Addictive Technology and the Business of Keeping Us Hooked*）中提到：「設定一個又一個目標，就是完美主義的概念……當你把人生視為一系列必須達成的里程碑，你就『幾乎總是處於失敗狀態』」。

當你成功時，等於瞬間失去追求成功的意義感，這種空虛讓你不得不立刻設定新目標，進入不斷追求目標的循環。

「所以我們不是因為成功不如預期而悵然若失，就是因為失敗而失望」作者亞當．奧特如是說。而現代人的成癮已經不再侷限於菸酒、毒品和賭博，更多完美主義者是對工作、對運動這些表面上看似「積極向上」的行為成癮。

N小姐說她最明顯的症狀，就是對手機上出現的「紅點點」（未讀訊息）無法抵抗，無論是Line、E-mail、臉書或任何通訊軟體，一旦有紅點，就激發她想要完成目標的動機；一開始N小姐只是希望自己把事情完成、把訊息清空，卻逐漸演變成下意識地看到手機上的「紅點點」就忍不住按進去，甚至三不五時檢查有沒有「紅點點」，像是電玩遊戲中讓你停不下來的破關快感。

但大多時候N小姐感覺不到把 E-mail 回完的成就感，反而是被訊息、E-mail綁架，無法脫身，更別說專注地活在當下、享受達到目標的愉悅，連事情做完準時下班，都只帶來罪惡感。

與其要求我們像戒酒一樣，通通不准使用手機，不如好好靜下來，問問自己：「我的這個行為，到底是為了什麼呢？」完美主義者的內心通常都會有類似的信念：「如果我不夠＿＿，就不會有人喜歡我了。」底線內可以填入任何你即刻想到的詞彙，例如不夠「瘦」、不夠「討喜」、不夠「積極」、不夠「優秀」、不夠「盡責」、不夠「孝順」、不夠「成功」、不夠「有錢」、不夠「有特色」……

我們亟需關注自己強迫性的行動是從何而來？我們想弭平的不舒服是什麼？有些人拚命加班是為了得到他人的肯定，有些則是想逃避沒人陪的晚餐時光，就算同樣一種成癮現象，也有因人而異的內在動機，而無論我們的動機是什麼，都得先接納你覺得不夠、不足、不完美的部分，才有機會跳脫倉鼠的命運滾輪，開始腳踏實地的邁步前進。

這篇章的最後，我想說的是：「**你不喜歡的你，跟你喜歡的你同等重要**」，喜歡的部分幫助我們拓展人生的廣度，不喜歡的部分卻幫助我們探索人生的深度，當看似不可控的命運發生時，我們既能看見人格面具，也能洞察陰影魔獸，成為一個清明的觀察家，不被任何一方所吞噬。

1.3 發現了嗎？生命課題不斷重複，直到你放自己一馬

許多人疑惑，為什麼心理師那麼愛和來訪個案探索過去經驗、兒時回憶，不能就好好討論此刻的困擾嗎？但人類最有意思的地方就在於，**我們永遠無法真正客觀，都是透過自己的「內心三稜鏡」看待世界**，你過去的經驗、回憶，以及你對這些經驗、回憶的解釋，大幅度地決定了你將如何折射外界的人、事、物到你的心裡。

如果我們對這副「內心三稜鏡」毫無覺察，一味認為「沒辦法啊！世界就是這麼殘酷」、「男人就是愛劈腿」，絲毫沒發現自己是如何任由老梗劇碼重複上映，你只會得到更多「世界就是這麼殘酷」、「男人就是愛劈腿」的證據，不知不覺我們的人生就變成了龍祥電影台（要不是在播「家有喜事」，就是「唐伯虎點秋香」），而不是有無限開展、任君選擇的 Netflix。

不過，就算我們現在還是龍祥電影台也沒關係的喔，老片有它經典之處，**我**

們的過去裡一定還有沒做完的功課，所以它用重複上演來搏取我們的注意力；雖然說「痛苦會過去，美會留下」，但前提是我們對於痛苦要有充分的學習與體會，光是經歷並不足以成長，得正視、承認、療癒、並把責任拿回來，才能真正成為自己的主人。

以下想跟大家介紹的這位故事主人翁——秋雯，曾在她的老梗劇碼中「輪迴」數十載，直到她試著把痛苦的境遇串連起來、看見癥結點，才下定決心不再重播、重獲新生的故事（本書中的所有故事，為保護當事人隱私，皆已經過變造、化名處理）。

你也可以拿回屬於自己人生的編劇權！

第一次遇見秋雯，只見她駝著背、低著頭地走進諮商室，馬上選擇坐在離我最遠的位置，制式地笑了一下，便問：「心理師，我來是要請教你，我現在想離職，但家裡財務狀況又有點吃緊，我該離職還是不該離職呢？」

通常我不習慣貿然回答問題，因為這裡面肯定有很多重要資訊沒有說出口，所以我試著反問秋雯：「是什麼讓妳想離職呢？」、「家裡財務狀況發生什麼事呢？」都被秋雯以「就是差不多該離職了」或是「家裡就是沒什麼錢」等答案搪塞。雖然有點摸不著頭緒，但我猜，她的「不說」一定有她的理由，於是我開始跟她討論這個「不說」。

「秋雯，妳好像正面臨了一個很重要的抉擇，但妳似乎不太想告訴我，妳發生了什麼，妳覺得如果妳告訴了我，那會怎麼樣呢？」

這回秋雯倒是毫不遲疑地回答：「呵（冷冷地笑了一聲），不會怎樣啊，因為這些事不重要，沒人能幫我解決，妳只要跟我說，依我的年紀，我是離職比較好，還是不離職比較好，就夠了。」

聽到這裡，我更加猜測這些背後發生的事應該讓她很無助，我告訴秋雯，是的，我無法神通廣大解決所有事，不過再給出我的答案之前，我需要秋雯幫助我了解她。

原來，秋雯的老闆在未經她同意之下，擅自把一份沒人想接的工作項目丟給秋雯，讓她瞬間倍感壓力，不但要在短期內學習新的工作內容，還要適應與新的單位互動，即使加班到深夜，做出來的成品還是被退件，使秋雯經常遭受到主管的言語羞辱。

秋雯還提到當主管說那些很難聽的話語時，自己會突然進入一個「異度空間」，主管的畫面變得模糊、聲音也逐漸遙遠，甚至有次主管都罵完走人了，自己還呆呆站在那兒，隔天只有繼續被同事們拿來當笑話的份。

我很驚訝，秋雯用事不關己的口吻陳述這令人難過又心疼的狀況，我直覺地問：「這樣呆呆站著被臭罵的經驗，還有誰也曾這樣對妳？」在沉默了好幾秒後，秋雯用略帶沙啞的聲音告訴我：「爸爸。」

秋雯的爸爸性格暴烈，每天晚上幾乎都與媽媽爭吵，秋雯也免不了掃到颱風尾，任何缺點都可以變成爸爸攻擊媽媽的理由，母女倆站在一起，讓爸爸數落：「一個女兒養成這樣，黑黑醜醜的、功課這麼差，妳這媽媽還會做什麼？」最後在秋雯升國中的那年暑假，爸爸離開家，進到另外一個家庭，和另外一名女子養另外一群孩子，爾後的二十幾年音訊全無。

直到最近，秋雯的爸爸竟然主動出現在自己家門口，原來爸爸認為媽媽已過世、弟弟遠赴國外生活，因此秋雯有義務盡孝道撫養自己，經打聽才知道爸爸已和那名女子離婚，財產全都被拿走，秋雯雖然不樂意，但心裡想著「哎……畢竟是自己的爸爸」，便讓他住下。

「所以，妳說的財務吃緊，是包括撫養爸爸囉？」秋雯再次安靜了幾秒，看向牆角，諾諾地說：「還有……我前夫……」

秋雯婚後第五年，先生就有了外遇，和一個大學生談起了戀愛，先生用一種高傲地語氣對秋雯說：「這個女孩給了我從未有過、活著的感受，跟與妳相處的那種死氣沉沉完全不一樣，希望妳高抬貴手，放過我也放過妳自己，讓我們兩個都自由吧！」秋雯聽了相當痛苦，但她認為自己確實不有趣，先生會有這樣的需求好像也合理，便答應簽字離婚。

無獨有偶，她的先生在若干年後同樣出現在秋雯的家門外，苦苦哀求原諒：「秋雯，我終於知道妳有多好，以前是我太蠢不懂事，一時鬼迷心竅，拜託讓我回到妳身邊吧！」

大家猜結局是什麼？沒錯，這位因外遇離婚的前夫，身無分文地回來和秋雯同居，目前仍在家待業中，所以秋雯一肩扛起爸爸和前夫的食衣住行，無法決定是否要從讓自己身心俱疲的工作中離開。

如果這是一齣八點檔，我相信各位看倌早就想砸電視、打電話痛罵劇組了，我和你們一樣，在聽秋雯說這些故事時，滿心的不可置信，滿腔的熊熊怒火，到底為什麼還要和這些剝削自己的人在一起呢？恨不得抓著肩膀把她搖醒。但我知道，**這些劇情片段一定有它的連貫性，重點是劇中主角有沒有看見重複劇情代表的意義**。

我重述了秋雯人生中的三段故事：老闆沒跟自己討論就更換工作內容，加上主管的霸凌、年幼時父親的拋棄，加上後來要求撫養、前夫曾經的背叛，加上後來的尋求原諒。

「秋雯，如果要給這齣劇起一個名字，妳會取作什麼？」只見秋雯皺著眉眼深思了半晌，終於抬起頭來說：「最佳女配角！」

秋雯想起，雖然她在家中是老大，下面還有一個小兩歲的弟弟，但媽媽永遠把新的書包、新的用品、新的玩具給弟弟，弟弟玩膩了再讓秋雯接手，當秋雯提出抗議，媽媽就會說：「他可是你弟弟！要讓著他」

當秋雯心疼媽媽被爸爸罵，而試圖想幫媽媽辯護時，媽媽也會說：「他可是你爸！不可以頂嘴！」；當秋雯與前夫婚姻出現狀況，想找媽媽訴苦時，媽媽告訴她：「他可是你丈夫！好或不好都是命，得認命！」因此秋雯學習到，自己就是配角這款命，跟誰抱怨也無用，默默承擔、甘願一點才會被他人所接受，所以當老闆丟給自己一個爛攤子時，秋雯並沒有表達意見。

在秋雯開始發現自己無法負荷，想來找我討論離職，這並非代表秋雯變得更軟弱，反而是內在力量想向外展現的象徵；「默默承擔」的背後，其實是因為秋雯的生命經驗讓她根深蒂固地認定「我不重要」、「我沒人要」、「如果有人要愛我那都是恩賜」、「不管他用什麼方式愛我，那都是我應得的」，因此被秋雯壓抑下來的陰影魔獸是「為自己發聲」、「捍衛我的權益」與「獲得自己渴望的關係」，這些曾經被身旁親人壓制下來的部分，進入到秋雯陰暗的小房間裡，讓她誤以為全盤接受才有資格被喜愛。

後來的幾次會談變得很有意思，我們從秋雯的身體姿勢、聲量和語氣開始練習，讓她體驗同一句話用駝著背說，和挺著胸說的不同。

秋雯告訴我，挺著胸的時候不知道為什麼，心跳跳得比較快，但是似乎在面對主管的嘲弄斥責時，比較不會掉進那個「異度空間」，可以更快速的分辨哪些話是主管無理的謾罵，哪些才是主管要交代的事件，而這個小小的改變，竟然讓秋雯發現，主管漸漸不嘲弄她了，自己過多的工作量也開始有了調整的空間。

雖然目前秋雯依然跟父親、前夫住在一起，但聽說秋雯立下了不少「家規」，讓居住在這個屋簷下的人必須負起應有的責任，秋雯告訴我：「現在下班回家，前夫已經把衣服曬好，老爸已經把飯菜熱好，我只要負責吃就可以了，真是輕鬆呀～」我忍不住和秋雯一起開懷大笑。

你的生命中也有這樣的重複劇碼嗎？去觀察你曾抱怨過的那些「為什麼我總是……」例如：「為什麼我總是遇到渣男？」、「為什麼我總是孤單一人？」、「為什麼我總是在收拾大家的爛攤子？」

歡迎你將這些相似的片段寫下來，一一核對這些劇情中，別人是如何對你？而你又是如何回應？找到你習慣的互動模式，和你內心深藏的信念，這將有助於認清自己在人際互動中的無效型態。

最重要的是我們得從「受害者」情結中跳脫，主動地做出不同以往的行動，嘗試、實驗新行動帶來的結果，你將會驚喜發現，自己的影響力竟超乎想像地巨大，翻轉劇情，成為自己的導演！

1.4

我們不需要所有的勝利

想跟各位談一個幾乎人人都有，但也幾乎沒人願意承認的陰影——「厭女症」。簡單來說，「厭女症」就是對女性，及對女性相關特質的厭惡、不接納。

日本作家上野千鶴子在《厭女：日本的女性嫌惡》一書中做了非常精闢的解釋——**發生在男性身上的厭女就是「女性蔑視」**，**發生在女性身上的厭女就是「自我厭惡」**。講到這，我猜你可能已經在大力搖頭，急著告訴我：「我多喜歡女人呀！我怎麼可能討厭女人？」或者「我很愛我自己，我不可能有厭女症。」反正現在四下無人，只有這本書與你，請看看下列敘述，再誠實地觀察自己，是否曾出現過這些想法：

- 身為女性的妳，看到「做作」的女性（通常做作的定義包含，在男性與女性面前呈現不同樣貌）就不舒服，甚至想展現自己大剌剌的一面，證明你跟「她」不一樣。

●身為男性的你，如果被別人說你「娘娘腔」、「像女生一樣」、「脆弱」、「情緒化」會很生氣。

●身為女性的妳，覺得凡事要依賴他人、柔弱的人很沒用。

●身為男性的你，如果沒有女朋友，會覺得自己很「魯」（loser，有種輸給別人的感覺）。

●身為女性的妳，曾形容自己為「女漢子」、「哥兒們」。

●身為男性的你，聽到男性朋友群私底下在嘲弄女性外貌／開女性黃腔的時候，會起勁地加入（不論你是否真心想嘲弄）。

●當你聽到有女性遭受性侵，你會聯想到他可能穿著暴露、太晚還在外遊蕩，不然就是平時交友複雜。

●身為男性的你，還是希望自己的老婆是個處女。

●身為女性的妳，還是希望自己的丈夫薪水／地位比自己高。

●身為女性的妳，曾有過「當女人真吃虧」的念頭。

●身為男性的你，曾有過「幸好我不是女人」的想法。

以上只要有任何一項符合，你就擁有「厭女症」的陰影魔獸，但這並不代表你是個惡人，反而是個機會讓我們好好檢視，厭女的現象是怎麼來的？我們如何減少厭女魔獸的影響呢？

從古至今各國文化幾乎都以男性為權力核心，而當一群男人需要鞏固自己的權力時，就必須排斥其他性別，就像白人要鞏固地位，就會排擠黑人、華人等其他人種是一樣的道理，最簡單的維權方式就是昭告天下：男性，包含男性的一切特質都是好的；女性，包涵女性的一切特質都是次等的。所以陽剛是好的，陰柔是壞的，理性是好的，情緒是壞的……

因此，當一個男人想成為男人，通常他需要證明自己「不是女人」，所以男人透過貶低女性、取笑其他男性的女性特質、物化女性、把女性當成性支配的對象、或擁有女性等手段來顯示自己夠「ＭＡＮ」；而一個女人想獲得男人的認同、往社會上層流動，通常他得證明自己不是普通的女性、貶低女性特質、展現自己的男性特質等，才能拿到一張成為「榮譽男性」的入場券。

厭女症看似是女性吃了大虧，但其實廣大的男性們也正深受其害。我相信男孩們在兒時一定聽過這句話：「你是男生，你不可以哭！」請仔細思考一下，剛出生的嬰兒，有因為他是男嬰就不哭，女嬰就盡情的哭嗎？並沒有，不分性別，通通嚎啕大哭，沒哭的醫生還得緊張了呢。

哭，如同其他被我們歸類為陰性的特質（脆弱、害怕、無助、悲傷……）在教養男孩的過程中，一一被關進小房間裡去了，這種壓抑對身體健康的影響相當劇烈，甚至許多男性的情緒會統一以「憤怒」取代，害怕的時候也發火、難過的時候也發火、羞愧的時候也發火……，什麼都以暴怒顯現使人容易罹患心血管疾病（高血壓、中風、心肌梗塞等），太崇尚陽剛的男性普遍也對生命的低潮較缺乏適應力，一旦遇上失敗就一蹶不振，因為社會較不接受男性展現脆弱，越不接納的，越是箝制著我們動彈不得。

而女性們若是不接受自己的陰性面，則經常會表現出與內在打架的狀態，不但痛苦，也忽視了屬於我們的禮物。我在青少年階段長期習慣以「強勢」形象示人，便是過度認同了陽性面，為了「贏過男生，獲得勝利」，而總是一副盛氣凌人的樣子。

當時女生間常互訴：「某女最做作了！我才不一樣，我可是女漢子！」但同時我的內心感到非常矛盾，因為我也想被喜愛，可是被喜愛的總是那些看似柔弱、嬌滴滴的女孩。

於是我內心又再度發聲：「不，不行！這不是我，我跟那些女孩不同！」好勝又倔強的我，怎麼可能忍受自己看起來那麼「沒用」？直到了解後我才明白，當時的我曾過度膨脹了內心的陽剛，正是因為陷入厭女情結，所以試圖摒棄陰柔的特質，穿上閃亮的盔甲，認為這樣才能功無不克，得到所有的勝利。

還記得曾有一位男同學表示自己對我頗有好感，卻遲遲不敢向我表白，過了好幾年後才坦承，他「想像」若向我告白的話，強勢的我會朝他撒一把米，輕蔑地回：「先把你的小雞養大再來找我！」這讓我超級震驚，天啊……我在別人眼中到底是什麼恐怖模樣呀？原來排斥陰性面讓我失去了這麼多與人接觸、關懷、相愛的機會。

長大後我才發現，**其實我們不需要所有的勝利，只需要剛好的勝利，以及那些愛人與被愛的會心時刻，足矣！**

1.5

關於你所痛恨的那些「負面」情緒

有很長一段時間，好勝的性格讓我極容易和他人比較，也使我不願意向自己承認——我在嫉妒，因為嫉妒就輸了嘛！我怎麼能讓這種令人難堪又丟臉的情緒存在呢！這個情緒並沒有因為我的否認而減弱，反而日益強烈，直到多年前的某天，無預警地爆發開來。

那是一個有著和煦陽光的初夏午後，還在念研究所的我剛剛完成出一份厚重的期末報告，心情瞬間輕盈許多，一個勁兒地往床上躺，沒事做了呢！無意識地拿起手機，點開 Facebook，用大拇指往上滑了幾下；突然，一張照片吸住了我的目光，我像是被定格一樣盯住照片不放，然後，從胸口湧出一股強烈的酸意。

照片中，我的某位女性臉友身處一家高級的米其林餐廳，用甜美幸福的笑容看著鏡頭，她的右邊是她事業有成的丈夫，她手上抱著的是剛滿周歲的孩子，桌上擺著兩個名牌鉑金包（粗估價值約台幣百餘萬元），那天，是她的生日。

我無法動彈、腦袋一片空白了不知道多久，接著我感覺到臉頰熱呼呼地，滾下好幾行淚，我怎麼了？我好生氣、我也好難過，我好……嫉妒！我怎麼可以嫉妒？欸，蘇予昕，難道你是這種無法祝福別人、見不得別人好的小人嗎？

十幾分鐘後，澎湃的情緒漸漸趨於平靜，腦海中出現了一個小小的、溫暖的聲音：「要不要關心一下，『嫉妒』它想表達什麼？」我打開電腦，開啟一個空白 word 檔，把手放在鍵盤上，讓手指像是有自主意識一般，自由地表達——

「我不懂，我是嫉妒那兩個鉑金包嗎？還是嫉妒她有個疼愛她的老公？」

「當然，有人送我鉑金包我會開心收下啦，但這不是我此刻渴望的東西，我也擁有一位非常合拍的伴侶，那我到底在意的點是什麼呢？」

讓心的語言流淌了一會兒，我突然體悟到，原來，我渴望的是這位女性臉友呈現出來的「人生勝利組感」，就像一個名牌包那麼惹眼。而我因為學習帶來的滿足感再怎麼豐沛，卻沒辦法被別人具體的看見，尤其，身為一個沒有生產力、沒錢賺的學生，很容易失去價值、忘記自己的意義在哪裡。

但這也讓我和自己重新核對，「正在行走的這條路，是否真的通往我所渴望的方向？」我的答案是，「即使暫時沒辦法被他人認可，我已經在正確的道路上了！」想到這裡，剛剛的酸楚逐漸從胸口離開，升起一股堅定、平靜的感受。

以上是我個人因為「嫉妒」而引發的一段心理風暴，雖然這一生中不知出現過多少次嫉妒的感覺，但這一次我沒有否認、沒有逃跑，反而正面迎上嫉妒，想跟它來場對話，因此發生了和以往與嫉妒交手後截然不同的結局：**與嫉妒和好，並且重新確認了自己最深的渴望**。

通常個案有不舒服的情緒時，很愛問我：「心理師，為什麼我們會有這些『負面』情緒啊！它讓我好難受，怎麼沒有一個按鈕可以把它們關掉呢？」是啊，這麼痛苦的感覺卻一直出現，對於天性「趨樂避苦」的人類來說，這實在太反常了不是嗎？

但請你想像一下幾十萬年前的地球上，人類祖先第一次遇到老虎的那天，如果這個祖先的情緒本能沒辦法讓他心跳加速、發抖、流汗，直覺地拿起身邊的石頭攻擊老虎，或拔腿就跑（fight or flight），你認為他的下場是什麼？啊姆，被老虎一口吃掉！他的基因也無法一傳再傳，傳到正在讀這本書的你我身上。

所以，**情緒最基本的功能，就是確保我們的「生存」**，讓我們好好活著，雖然現今已經不會隨便在路上遇到老虎了，但這個動盪的世界仍充斥著各種危機，包含天災人禍、人際衝突、職場困境、感情糾葛、內在的孤獨、自卑感等等，全部都可能比老虎的威脅性更強、更猛，所以情緒沒有被演化淘汰，是因為我們可能比過往更需要它的指引，它像個忠心的衛兵，提醒著我們「注意！有什麼事不對勁了！」

不過，有點感慨的是，大部分人聽到衛兵的警告時，不是先去搞清楚發生什麼，而是選擇充耳不聞、封鎖城門，任由衛兵在外頭苦苦叩門，我們以為「不要去感覺、不要去想，時間過了就會沒事了」。就像心理學家陳永儀教授在ＴＥＤ的演講中所述：「情緒就像痛覺，沒有人喜歡痛，但如果今天我們不小心把手放在熱爐上面，沒有痛的感覺，我們就不知道要把手抽回來……」

當我們有不舒服的情緒時，我們可能會像「吞一個止痛藥」般去阻絕感受，也許是透過喝酒、打電玩、追劇、大吃大喝、過度的運動……只要能讓我們感受不到情緒的事就瘋狂地做；但沒有痛覺，病就痊癒了嗎？通常不是的，更可能的是因為忽略而惡化，所以對於情緒這個「心理上的痛覺」（這是真的，心痛的時候腦的痛覺區會跟著啟動），我們可以建立一個溫暖、關懷的溝通管道，邀請情緒現身、對自己說說話。

所以嫉妒真的那麼不好嗎？其實每一種我們痛恨的情緒都有它獨特的功能，如果這世界沒有嫉妒，我猜我們可能還停留在石器時代，我覺得，哇～你的石器很棒呦，你也覺得我的石器挺不賴，卻無法因為看到你的石器更銳利更好用，而讓我心生「嗯，那我也要！」的欲望，更大膽地說，人類之所以擁有現在的文明發展，嫉妒真是功不可沒！

情緒本身沒有正與負、對與錯、好與壞，就是一種主觀的個人感受而已。我想大聲告訴你，**你對任何人事物，產生任何情緒，都是ＯＫ的，重點是我們如何有建設性的表達、展現情緒**。當我感受到嫉妒，我可以選擇去毀掉讓我嫉妒的人，我也可以選擇回到內在探索渴望，進而活得更貼近自己，這兩種選擇下的人生開展肯定截然不同。

我常在路邊看到一些家長，對著正在鬧脾氣的孩子說：「這有什麼好生氣的！你不許生氣！」引用陳永儀教授的比喻：「這就像是我說『我好冷喔！』，你回我『欸，你不應該這麼冷欸！』」

當孩子感受到生氣，我們可以引導他：「親愛的，我看到你好生氣吻，一定很不舒服齁，但你一直打人讓我沒辦法好好聽你說，來，我們先慢慢地喝一口水，慢慢喝喔……然後你告訴我，剛剛發生什麼了？」

被這樣引導過的孩子會曉得，他的情緒是被父母接納的，他也更能接納自己的情緒，並且能用和別人建立關係的方式表達情緒，不會演變成——要嘛暴怒攻擊、要嘛隱忍壓抑的極端狀態。

回到自己，請你感受一下，讓你最痛苦的情緒是什麼呢？如果一時很難想到，可以換個角度想想：「當其他人出現什麼情緒的時候，我最受不了呢？」這個答案就是你的陰影魔獸，歡迎到本章最後一節的「練習三：馴養你的情緒」，那裡有上百個情緒相關詞彙，除了找回被我們摒棄在外的情緒，也歡迎大家在每一次有情緒上來而感到不舒服時，運用情緒詞彙表格去辨識自己真正的情緒。

我們因為教養、生命經驗的關係，有些情緒不被允許現身，所以我們會習慣用另一種情緒替代之。例如在「厭女症」那節中提過的，男性通常會以「憤怒」取代其他較脆弱的情緒，女性通常被鼓勵展現「溫和無害」的情緒，任何有攻擊性的樣貌都會被妖魔化。去理解表面情緒下的底層情緒，可以更快地觸碰到自己的真實狀態，找回屬於你的完整。

1.6

指認出你的創傷，但請從創傷牢籠中釋放自己

雖然很不情願，但我們的身上總會被人生洪流刻下大大小小的創傷，小至被伴侶劈腿、被同儕排擠，大至天災人禍、父母虐待、傷殘疾病、性侵迫害、死亡分離……

人類每時每刻被迫接受這些境遇，讓人禁不住憤恨、無助、悲慟地怨懟：「為什麼是我？要是我沒有經歷這些，我就可以過著幸福快樂的日子了……」我必須強調，**在受傷害時出現怨恨的念頭、出現強烈地情緒感受，都是OK的，唯獨要敏銳地覺察，向內心誠實地發問：「我有沒有因為他人的過錯而把自己關入大牢？」**

先解釋一下，什麼叫做把自己關入大牢？即使我們都不是真正的罪犯，我們都擁有自由之身，但如果我們不斷地因同一個人、事、物、境感到痛苦，就等於隨時隨地身陷大牢，把自己的自由拱手讓給他人，讓別人決定我們的情緒狀態。

無論現在的你遭遇到什麼樣艱難的處境，甚至你恰恰正是一位服刑中的罪犯，那都沒關係，我們握有自由的選擇權，**你隨時可以選擇要做出什麼樣的行動，隨時可以選擇要用什麼角度看待這個世界。**

當紅美劇《勁爆女子監獄》（Orange is the new black）中的一角「美味姐」（譯名：Tasty），在一場獄中暴動後被官方誣陷為槍殺獄警的兇手，不管美味姐如何提出有力證據、真情述說都沒辦法撼動陪審團的判決，因此美味姐從一位在獄中表現優良的普通罪犯，瞬間成為終生監禁的重刑犯，她的個性開始轉為暴戾，對監獄、法院甚至世界的眼光都充滿憤怒，認為無論自己多努力、多無辜，都不會有人願意相信自己。

我非常喜歡劇情的安排，美味姐被宣判無期徒刑後，典獄長試著讓鬱鬱寡歡的她有點事做，便安排頭腦聰明的美味姐擔任獄友的「家教」，協助獄友考取美國同等學力測驗（相當於臺灣的大學學測）。

美味姐一開始不情不願地配合典獄長，教導了幾位想讀書的獄友，但心情依然非常絕望。在美味姐準備偷偷服毒、結束生命之際，瞥見典獄長在她的牢房桌上擺的一個牛皮紙袋，裡頭放著幾張學力測驗通過證書，她教導的學生 ALL PASS！

這大大地振奮了美味姐，她意識到，雖然外在的情境依然沒變，但與其困在終生監禁的痛苦、被冤枉的不甘中，她也同時可以做一些成就他人的舉動；美味姐從對外界的怨懟不滿，轉成對外界的觀察與關懷。

她發現，許多獄友才出獄沒多久就又會蹲回獄裡，原因就是獄中根本沒人教他們如何理財，因此就算出獄，多數人也會因為缺乏金錢支持他們重獲新生，無法逃脫社會底層。往往一出獄就會體悟到，外面的世界更殘酷、更難以生存，因此很容易就走回老路；無論是吸毒、偷竊或犯罪。

因此，美味姐突發奇想，邀請外部有力人士一同創建「更生人協助基金會」，提供友善的更生人貸款，並在獄中對即將出獄的獄友進行理財教育；即便美味姐的「身體」仍困在獄中，但助人的「心」卻讓他重獲新生，翻轉連政府都無法改變的現況，成為真正的無名英雄。

這個故事讓我了解到，**比起試著遺忘、否定自己的經歷，指認出你生命中的創傷經驗更能幫助我們邁向完整**。

也許你可以說出幾個傷害過你的人名，也許你只能怨嘆命運捉弄，這都不打緊，我絕對不會要求你「寬恕」、「放下」、「Let it go」，寬恕是非常私人的決定，除非你準備好，否則別人怎麼說都不可能真正放下，但即便我們還放不下，依然可以拿回人生的遙控器，開始為自己的情緒負責。

德國情緒管理顧問薇薇安・迪特馬（Vivian Dittmar）在《情緒背包》（*Der emotionale Rucksack: Wie wir mit ungesunden Gefühlen aufräumen*）一書中寫到：「為自己的情緒包袱負起責任，不代表過去發生的事都是你的錯。」所以被性侵絕對不是你的錯、被父母情緒勒索也不是你的問題。

「但是這些傷痕所留下的情緒包袱，全部都是我自己該承擔的責任，因為它們是我的包袱，是我個人未處理與消化的人生經驗，它們是上天送給我個人的專屬人生禮物，這些禮物等著我一個一個去打開。」

所以，現在的情緒和當時的加害者、父母再也沒有任何關聯了，「我也不需要這些人來幫我解開情緒背包」，看到這裡，緊繃的肩膀如釋重負，雖然我們得負起責任，但同時我們也拿回自己的遙控器，不再受到曾經傷害我的人的控制，成為自己真正的主人。

1.7 修煉主題：讓陰影現身

我認為《哈利波特》的劇情最能讓人具象化「讓陰影現身」的感覺。哈利被佛地魔射中的閃電疤痕讓他倆形成不可分割的雙面形象——哈利的正義勇敢，與佛地魔的邪惡陰鬱。哈利的生命初期，過得相當辛苦，看似「壞人」的阿姨、姨丈和表哥不斷虐待「可憐」的哈利，還把哈利禁錮在樓梯間。

其實，大多數的我們也都生活在樓梯間，周圍的人不斷說服我們「你做不到」、「你很差勁」、「你好糟糕」，直到我們信以為真，忽視自己的神奇力量。而踏上與佛地魔對抗之路的哈利更是受盡折磨，榮格曾說：「陰影是一道羊腸窄徑，任何想下探深井之人都逃不了那擠壓的痛苦。」（Shadow is a tight passage, a narrow door, whose painful constriction no one is spared who goes down to the deep well.）

當哈利越靠近佛地魔，越開始感受到自己被邪念與慾望襲擊，哈利也曾感到恐懼、迷失，這些陰影恰好與他在眾人面前表現出的「正直」、「果敢」、「善良」的英雄面向徹底相反；但陰影當中也有哈利需要的能力，例如他利用「爬說語」救出友伴，或是看清佛地魔的詭計。

這就是一種重要的「整合」，當哈利逐步地看見陰影、馴服陰影、不再被其控制，就能夠自由地「運用」及「節制」陰影的力量，最終便無需再逃離佛地魔，也無需害怕自己的超能力。

這一小節，想邀請各位像哈利波特一樣，在眾人都不敢說出「佛地魔」名諱之時，勇敢地說出來，指認出來，正視自己的陰影。

以下有三個重要的練習，你不需要一口氣完成它們，挑個安靜舒適的時光，在讓你感到安全的那個空間裡，選一項你此刻最想進行的部分。沒有順序、沒有任何勉強，請先閉上眼，問問你的內心：「嘿，你準備好了嗎？」尊重它，等它回答「好了」，然後繼續詢問：「哪一個部分是你想探索的呢？」甚至更玄地，不要用頭腦思考，伸出你的食指，讓它來決定。

1. 從討厭的人身上讓陰影現身
2. 從老梗劇情裡看見重複播放的舊模式
3. 馴養情緒四步驟：覺察、經驗、接納、傾聽

練習一

從討厭的人身上讓陰影現身

步驟 1

請寫下一位讓你很不喜歡的人（沒有任何限制，可以是身邊認識的，也可以是名人），平常一旦發現自己對誰有討厭的感覺，就可以把他的名字寫下備用。

步驟 2

找一個只有你的安靜空間，閉上眼（目的是為了暫時阻隔視覺干擾），讓這個人的五官、樣貌、形象、身體姿勢、穿著、氣味、聲音、講過的話等活生生地在你的眼前或耳朵旁播放出來，直到這個畫面與聲音夠真實、清晰，就像他正站在你的前方，對你說話。

步驟 3

張開眼睛，請寫下你討厭他的、或他讓你不舒服的原因，沒有上限，盡量寫，寫至想不到原因為止（例如，他很自以為是、他很噁心、他很自私、他很假、他很窩囊……等等）。

步驟 4

看一看每個你寫下的形容詞，逐個填入底線，問問自己：「什麼時候的我也有＿＿＿＿＿的時候？」如果你堅信自己從未有過這個時候，請用想像的「假設在哪種情境下，我可能會出現＿＿＿＿＿部分？」

舉例而言——我很討厭「假惺惺」的人，我問自己「何時的我也有假惺惺的時候？」，我的回答是：「當我雖然不喜歡這個老闆，但我的薪水與升遷機會掌握在他手中的時候。」

如果我回想不出自己假惺惺的時刻，我可以用假設的，假設在哪種情境下可能會需要假惺惺：「當我遇到對我有威脅性的人，我就可能要假惺惺配合他，以求生存。」

步驟 5

將你步驟三寫的形容詞填入以下句型的底線中，再把句子唸出來「我是＿＿＿＿的」或「我很＿＿＿＿」，可以用各種不同的語氣聲調唸唸看，一開始唸肯定會很不舒服，很想反駁逃開，這都是自然的，你可以回到步驟四去多想幾個假設性時刻，幫助你找到這些陰影背後的功能，再回來唸句子，直到你的不舒服感覺逐漸變小。

步驟 6

和陰影對話，讓你的陰影曉得你不再排斥它，允許它存在，但這不代表你會任它胡作非為，而是你說了算。

「________，我已經看見，你是我的一部分，我感謝你帶給我的能力，我也會有意識地運用你，而非讓你影響我。」

練習二

從老梗劇情裡看見重複播放的舊模式

這個練習可以自己做，但有人在旁邊協助引導效果更好，因為你可能會出現比較強烈的情緒，歡迎你找一位信任的夥伴或心理師擔任引導的角色。你會需要一個安靜、舒適、有桌椅的私人空間，並請在椅子上放置一個抱枕、布巾、衣物或玩偶，請與它共同坐在椅子上。

步驟1

寫下一件最近發生的困擾事件。不管是與家人相處、伴侶關係、職場衝突或內在狀態不安都可以，重點是這個事件帶給你的困擾程度夠高，已出現強烈情緒（情緒強烈通常是舊模式重播的指標）。

如果依照你的情緒強度，0～10分來判斷（0分為完全無感，10分為驚濤駭浪）有7分以上的困擾事件較容易找到舊模式。

這個困擾事件可能有一點長度，因此我特地留了一整頁的空白給你，如果仍需要更多空間，不妨拿起自己的專屬筆記本，盡情地寫（有引導員的讀者，也歡迎直接用說的，但請閉著眼說，無需看著引導員）。

步驟 2

請把步驟一的文字讀過一遍，閉上眼睛，專注於此時身體裡、心裡浮現的感受。把這個感受記下來，將你的右手大拇指與食指捏住左手的虎口位置，用一點力量但沒有痛感的程度壓著虎口（這個目的是在身體上設下一個記憶點，讓感受不那麼快消逝不見）。

步驟 3

繼續閉著眼睛，按著虎口，在心中把時間倒轉，回想上一次身心浮現這個感受的時候是何時？一旦想到事件，右手就放開左手，張開眼睛，把事件（包含人、事、時、地、物、感受）寫下來或說出來。

步驟 4

重複步驟三，閉上眼，按著虎口，一旦想到再更早的、帶來相同感受的事件，就張開眼睛，寫下來或說出來。直到沒有更早的事件出現為止。

步驟5

找出這些事件中的關聯性、重複的地方，或最引起你注意的部分，寫下來或說出來。此時也可以邀請引導員說說看，就他所聽到的，每段經驗有什麼相似之處、印象深刻之處。

步驟6

離開寫字的座位，深呼吸五遍、動動身體、甩甩手、喝杯水，讓剛剛身體裡強烈的情緒平緩一點，直到你的情緒強度降至3分以下（0分為毫無感覺，10分為驚濤駭浪）。

步驟7

站在座位旁一公尺距離處，看著剛剛椅子上的抱枕、布巾衣物或玩偶，請想像受到困擾的你正坐在那裡。

而現在站著的你是一個有力量、有內在資源的人，來幫助坐著的自己（若暫時感受不到什麼叫有力量，請挺直脊椎，雙腳與肩同寬，紮根站穩，雙手敞開，像是完全接納坐著的自己）。

步驟 8

讓有力量的自己來幫助坐著的自己（「幫助」不一定是想方設法改變現況，有時候只需要好好地承接受傷的自己，給予陪伴、安慰和愛護即可），你可以對抱枕說一些話，就像它是你最疼愛的孩子，最後將它擁入懷中。

練習三

馴養情緒五步驟——覺察、辨識、接納、傾聽、馴養

情緒是來得快去得也快的浪濤，雖然來潮時讓人不舒服，但我實在難以想像一個沒有潮汐的世界，會是多麼枯燥乏味。在我的觀察中，大多數的人都以兩種常見的方式因應情緒來襲。

第一種，就是「不管它就沒事了」的心態，可能有人會用睡覺、玩手機、打電動、大吃大喝、運動等方式暫時逃開不適感，不過，縱使情緒會過去，未處理完的情緒毒素卻不會消失，下次類似的情境再出現時，你還是會很不舒服（甚至會加倍地不舒服）。

第二種，就是出現「我不可以有這種情緒！」的聲音，死命否認自己有情緒，你應該看過明明已臉紅脖子粗、聲音也激昂起來的人，說：「我哪有生氣！」這種衝突畫面吧，許多人是不允許自己有特定情緒的，也許是我們的生命經驗讓我們誤以為「有情緒就代表這個人很糟糕」、「情緒化不好，理性至

上」，所以我們會在有情緒後感到「自責」。

其實這比原始出現的情緒來得更耗能，可能原始情緒都已經消退了，我們還在繼續自責、繼續否認、繼續壓抑……無論是前者的逃避，或後者的壓抑，都阻礙了我們真誠面對此刻的自己，接納自己的完整性，我們把許多自己一塊塊切割、丟出去，試問，那我們還剩多少力氣？

這一個練習，想邀請大家運用簡單的四個步驟，完成「情緒衛生」保養，就像你每天晚上睡前都要刷牙，維護你的身體衛生一樣，情緒雖然看不到摸不著，對人類的影響可一點也不輸給細菌病毒。

步驟1 覺察

一旦情緒出現，讓你開始不舒服，敏銳地發現、看見它的到來，請閉上眼睛去感覺，這個情緒在你身體的哪個部位作用著？（有些人是在胸口、腸胃、肩膀、臉部肌肉等地方，產生悶、脹、攪動、刺痛、熱、冷……各種感覺）請把你現在遭遇的人事物境，以及身體的感受寫下來。因為情緒出現的時機相當臨時，所以推薦你隨身準備一個小筆記本，自己畫下下列表格，隨時記錄，隨時和情緒連線，效果更佳！

我的情況是：

身體的感受是：

步驟 2 辨識

當步驟一的身體感覺還在的時候，你可以直接問問自己「我現在的情緒是什麼？」、「我發生什麼了？」這些簡單的問題，把自己的情緒辨識出來，如果有困難，可使用下頁的「情緒詞彙列表」，以與自己內心核對的方式辨識出你現在的情緒。而情緒也可能有表層情緒和深層情緒之分，如果你發現你辨識出情緒後還覺得很強烈，那可能代表你還有深層情緒沒被發現，慢慢來，給自己多一點時間自問：「我現在覺得很生氣，那這生氣裡面，有害怕嗎？有不安嗎？」、「我現在覺得很悲傷，那這悲傷裡面，有生氣嗎？有恨嗎？」往裡頭問問看，也許有更多讓你意外的答案。

我現在的情緒是什麼？

______

裡頭更深層的情緒可能是什麼？

______

情緒詞彙列表

舒適愉悅類情緒

（雖然大部分的人對這類情緒沒有適應不良的情況，但有些人會對舒適的情緒產生罪惡感，所以我還是列舉出來提供給你參考核對）

滿足、自在、和諧、冷靜、舒服、安慰、隨和、怡然自得、平靜、飄飄然、安靜、放鬆、寧靜、放心、安全、溫暖、感動、快樂、有活力、愉快、有希望、幸福、清爽、輕鬆、喜悅、快活、狂熱、歡喜、狂喜、銷魂、興奮、精力旺盛、得意、高興、欣喜、無憂無慮、驚奇、樂觀、快意、驕傲、積極、激動、舒服、勇敢、自由、有動力、有朝氣、狂野、自信、無懼、欣慰、寬心、泰然、慶幸、野心勃勃、愛——被愛。

憂傷恐懼類情緒

憐憫、擔心、同情、擔憂、悲傷、沉痛、傷感、傷心、痛心、痛苦、心酸、膽怯、害怕、恐懼、驚恐、驚嚇、心有餘悸、難受、煩悶、苦惱、發愁、壓抑、心驚膽顫、鬱悶、委屈、不平、發慌、心慌意亂、愧疚、歉疚、罪惡感、難堪、羞恥、羞辱、懊悔、後悔、內疚、可惜、惋惜、悲觀、沮喪、孤立無援、遺憾、無力感、失望、失落感、孤單、寂寞、疏遠、冷淡、空虛、惆悵、苦悶、憂鬱、憂傷、消沉、氣餒、喪氣、厭世、厭倦、迷惘、徬徨、苦澀、酸楚、惶惶不安、沉鬱、自慚形穢、自卑、麻木、無感、疲乏、無聊、疲憊、緊繃、焦慮、絕望、歇斯底里、神經質、恐慌、緊張、沉重、脆弱、軟弱。

憤怒敵意類情緒

生氣、憤恨、憤怒、悲憤、不愉快、焦躁、自大、優越感、狂妄、不耐煩、被激怒、激動、被挑戰、有攻擊慾望的、不高興、不滿意、暴怒、仇恨、挫折、盛怒、討厭、敵意、煩躁、發狂、惱羞成怒、暴亂、狂怒、惱怒、叛逆、憤慨、懷恨、激烈、厭惡、嫌惡、深惡痛絕、惱羞成怒、瞧不起、作嘔、輕蔑、噁心、怒氣沖沖。

自責罪惡類情緒

歉意、感到羞恥、貶低自己、自責、懊悔、懊惱、墮落、沒臉見人、尷尬、害羞、罪惡感、卑微、自卑。

困惑迷惘類

困惑、徬徨、猶豫、遲疑、混亂、卡住、游移、懷疑、矛盾、衝突、搖擺、不確定感、雜亂無章、混淆不清、不知所措、內心打架。

嫉妒猜疑類

羨慕、嫉妒、不信任、蔑視、敵意、自大、自卑、自我懷疑、妄想、猜忌、憤世嫉俗、不公平、懷疑、幸災樂禍、有破壞欲望的。

步驟3 接納

再次重申，情緒是我們最忠心的夥伴，它的出現就是因為我們自己或我們周遭有不對勁發生了，所以它用一種不舒服的方式提醒我們要覺察，你對於任何情境，出現任何情緒，那都是OK的！（很重要所以我又囉唆了一遍）即使在別人口中你多麼不合理，怎麼連這點小事都要抓狂，那都不打緊，我們必須要先接納這就是我會有的情緒反應，才有辦法進入下一步的傾聽理解階段，不然就可能會卡在逃避或壓抑的關口停滯不前。這個步驟，邀請你在辨識出情緒後，對自己說以下這幾句話：

「＿＿＿＿＿（請填入你的情緒），我看見你了，」

「很對不起過去我曾逃開你，或是責怪你的出現，」

「現在我願意好好面對你，也請你和我說說話，好嗎？」

步驟4 傾聽

恭喜你來到我最喜歡的步驟，傾聽情緒說話相當有意思，我曾因這個步驟獲得很多內在被忽略的重要訊息，進而對我的人生產生巨大影響，希望對你也有效。這步驟你可以用書寫的、打字的或錄音的，任君選擇，在完成步驟三後，我們邀請這個情緒現身，讓它以「第一人稱」說話，這個方式對很多人來說很新奇、沒嘗試過，也許你會覺得有點怪，但進入狀況後便會有所不同。

一開始請寫下，我是〇〇〇（你的真名）的＿＿＿＿＿＿（情緒），然後回答下列五個問題，回答完後如果情緒還有話要說，也請無限制的盡情書寫。

1. 你（指這個情緒）什麼時候會出現在主人身邊？
2. 你出現在主人身邊時，主人會有哪些表現？
3. 你會對主人做哪些事？
4. 主人喜歡你嗎？為什麼？

5. 你覺得你的出現是為了什麼？想告訴主人什麼？

這是我用我的「嫉妒」來寫的一篇示範文，提供你參考：

我是蘇予昕的嫉妒，我在主人看到別人有優秀表現的時候會出現在主人身邊（回答第一題），我出現在主人身邊的時候啊，她就會皺起眉頭、牙齒咬得很緊、胸口悶悶的、開始發汗、心情低落，大多時候她會哭，會生氣，會怨恨自己怎麼那麼差（回答第二題），我呢，則會在主人身邊告訴她，那些人也沒啥了不起的，也許只是運氣好、也許老爸有錢吧（回答第三題）！其實主人蠻不喜歡我的，因為我一出現她就難受，還得花好長的時間平復自己，有一次我在她上台演講之前突然出現，害她演講的時候無法專心，讓她又氣又懊惱（回答第四題），我覺得我的出現是為了讓主人看見她渴望的是什麼，有時候她會被一些世俗的價值迷惑，忘記她自己的價值，所以我雖然會讓她不舒服，可是我走了之後她通常都會對自己的現況有一些新的理解（回答第五題）。

換你囉！以下的空白頁，留給你與你的情緒。

如果你發現你寫不出第五題，可能的原因是你還未真正接納你的情緒，那也沒關係，請停留在步驟四持續每天對情緒真情喊話，我相信假以時日，它會有與你和解的那一天。

步驟 5 馴養

經過步驟四傾聽情緒的聲音，也許你發現了一些它對你的重要性，即便你還是不太喜歡它也無妨，它是你不可或缺的一部分，當你們的溝通變得順暢之後，它的影響便不再那麼干擾，而是一種純粹的提醒。在馴養它之前，我想邀請你對它表達一些感謝，我相信它會更樂意與你合作。

這一個步驟沒有制式順序，就像對老友傾訴的口吻說話即可；以下分享我對嫉妒的回信，作為你的參考。

謝謝你，我的嫉妒，你的出現是為了讓我回到初心，看見自己的價值，往自己所真心渴望的目標邁進；即使我仍會在你出現的時候難過、胸悶、哭泣，但我發現我好像沒那麼憤怒了，也許那是因為我接納了你的存在意義，在你的幫助下，我可以有一段時間釐清自己最近在做的事情。有沒有符合我的心意，還是我不小心迷失在外界定義的價值裡，這對我很重要，謝謝你在，我知道你一直都在那裡陪著我，安撫著我，提醒著我，我的嫉妒，我愛你。

換你囉！以下的空白頁，留給你與你的情緒。

第二章

為什麼我們總焦慮自己的不夠完美？

我們都誤以為，完美才值得被愛、完美才能讓人屏息，
卻忘記了其實人類最需要的，是深呼吸。

說到想變得更完美，不得不先和你聊聊，從小到大我與「胖」這個字的革命血淚史。一出生就將近四千公克的我，馬上被家人起了個小名，叫做「胖胖」，以一個嬰兒來說的確是蠻可愛的，我也挺喜歡這小名帶來的親暱感，但逐漸長大後，我很快就知道不是這麼回事。

還記得五歲那年，有一回全家出遊，我和姐姐一起坐在小轎車後座，姐姐是個天生瘦子，瘦到膝蓋骨比大腿寬度還寬的程度，她突發一語：「拔～痲～我想吃薯條！」只見開車的爸爸一個急轉彎，彎進麥當勞得來速，立刻買了一包薯條遞給姐姐，小小的我在旁邊可被香味逼急了，跟著喊：「我也要吃！」此時，爸爸轉過頭，怒視著我說：「這麼胖了還吃！」

此外，我爸媽只要在路上看到中廣身材的婦女，就會假裝驚訝地看看她，再回頭看看我，說：「哎呦，我剛以為那個人是妳咧！妳的屁股就長那樣喔～」

進入學校這個大熔爐後，我也從同學的目光與言語中體會到，胖是不好的，是羞恥的，有人開始拿我的臀部開玩笑，給它起了各種綽號，因此我對家人嚴正聲明：「在學校不準叫我胖胖！」擔心一旦這個綽號被傳開，會被眾人恥笑。

其實，這些故事常常被我當作笑話拿出來和朋友一起笑，並不是那種被我壓抑在心底、試圖遺忘的記憶，一直以來我並不覺得有什麼嚴重的影響。

直到有一次在諮商的過程中再次提及這些往事，突然眼淚一陣洶湧，我才發現，這不是笑話，是創傷。

原來父母的批評對我來說衝擊如此之大，我回想和他們吃飯的時候，我經常呈現緊繃的狀態，儘管實際上肚子很餓，但因為擔心吃多了會被罵，所以我總是吃得又快又急，想趕快結束這回合，當我私下一個人吃飯時，又會像在普渡自己般塞進大量的食物。

即使我清楚地知道父母愛我，他們只是試圖用激將法讓我發憤圖強、決心減肥，但這一字一句仍深深刺痛著我，彷彿在不斷地告訴我：「你不夠好，你應該要更好」。

十九歲那年因緣際會下，我進入了最重視身材外貌的演藝圈，在經紀公司的培訓階段更是照三餐被嫌，那時候的我，為了減肥甚至採取偏激的手段，去診所買減肥藥，吃到心悸、嘔吐、暈倒，經歷總總折磨，才總算瘦了十公斤。

量完體重的隔天，我滿心歡喜地到公司，想說總算是瘦身有成了吧。結果經紀人一看到我，仍用充滿鄙視的語氣說：「別騙了啦，妳真的有瘦嗎？這樣上電視依舊是個肥婆！」當天中午，我和公司裡另一位準備出道的新人，一起吃著沒加醬的生菜沙拉，和著眼淚，笑稱這樣也許能增添一點鹹味。

照理而言，這麼多人督促我減肥的環境，應該要讓我更有動機與毅力，我的確是下過幾次狠心、瘦過幾圈，但最後總是復胖回最初，這個循環只讓我更加厭惡自己，把社會對胖子的刻板印象加諸在自己身上——我就是好吃懶做、沒意志力、連體重都管理不了還能管理什麼大事。

說到運動，更是難上加難，因為要去運動表示要面對現在這個醜惡的自己，更別說健身房裡眾人的目光，那可是會殺人的，每次去運動對我來說都像是對自己的一次懲罰，痛苦不已。

正在讀這段故事的你，或許也曾想改變什麼、內在卻糾結不已，明明我這麼想要，為什麼得不到？為什麼重複落入惡性循環？為什麼越努力越討厭自己？

這一章就是想跟你聊聊，**「改變」**與**「接納」**這兩個看似互相抵觸的概念，**如何交錯影響著人類的心靈，進而決定了我們是往更像自己的自己邁進，還是成為一個連自己都陌生的自己。**

2.1

改變與接納的平衡拉鋸

許願想提醒你的事

大多數的人都習慣在新年來臨的時候許願，像是「今年我一定要瘦十公斤！」、「今年我要交到好對象！」、「今年我要年收破百萬！」但到頭來卻什麼願望也沒達成，只好在明年繼續許下相同的心願。

為什麼目標如此確定，卻總是難以實現？原因非常簡單：很少人發現，**我們在許願的時候，其實正同時否定現在的這個自己**。

「我要瘦十公斤！」的背後，其實是在對自己說：「現在這個體重，有人會喜歡我才有鬼咧！」。

「我要交到男女朋友」的背後，其實是在對自己說：「如果再沒對象，大家一定覺得是我有問題」。

「我要年收破百萬！」的背後，其實是在對自己說：「繼續現在這個薪水，是要怎麼在朋友間抬起頭來？」

不知道你是否跟我有一樣的感覺，雖然我們認為若能變成某個樣子會更好，但不自覺地也想捍衛現在這樣的自己，所以就在心中開始上演拉鋸戰。

你可能會質疑：「為什麼要瘦才會有人愛我？如果我瘦下來了，他是愛我的身材還是我？」、「為什麼要有錢了才能活得有頭有臉？難道我們就只是名片上的職稱或銀行裡的數字嗎？」

這些拉鋸戰是因為，「改變」違背了我們對自己的認知，或動盪了原先的生活模式，而讓我們痛苦到難以堅持下去。

你的出發點是自我厭惡？還是自我關愛？

從我對自己的觀察，同樣是想瘦身，為了外表減重跟為了健康減重的心態造成很大的不同。

當我為了外表減重時總會失敗，就算瘦了也很快胖回去，原因是當我們在決心要減肥的那一刻，是帶著對自己的強烈厭惡所致，就像前述中我舉的例子一樣。當意識到周圍的人不欣賞我的體型，有意無意地提醒我需要去改變體型，這反倒讓我和運動之間的關係變得很差。

每次去運動都變成一種懲罰，懲罰我吃得太多、身材不好，而天底下誰又喜歡被懲罰呢？這種心態只會徒增我們對運動的阻抗，甚至還會想用食物補償辛苦的自己。而在我接納了「胖」，與「胖」和解之後，我再也不為了瘦身而運動、少吃，而是從「關愛自己」的角度出發，直接聽從身體的聲音去做它真正需要的事，吃它真正需要的食物。

以我目前的狀況來說，因為工作關係，我經常需要公開演講，常常一站就是兩個多小時起跳，甚至有時候一整天六個小時的密集課程，導致我常腰酸背痛、難以承受。

在我無意間接觸了瑜伽之後，我發現練瑜珈能幫助我增加核心肌群，久站也不再那麼容易痠痛疲乏，體力跟臨場反應也更敏捷了，這讓運動從自我懲罰的心態，變成即刻的獎賞！

逃避痛苦是天性

許多個案會帶著他們的願望和目標來到諮商室，希望我協助他們達成，但當我們真的開始為目標擬定計畫時，人們卻經常跟我玩起「Yes, but…」的遊戲：「心理師，你說得有道理，但是我沒時間做」、「心理師，你的提議很好，但是我能力不足……」

個案真的可以找出一千種理由逃走，這並不代表個案有問題，而是人類天性的自然展現，改變本來就會引發極大的焦慮感，因為改變觸及到以下幾個痛點：

‧沒有接納當指引，走進迷宮自然容易迷失

就如前面所提及的，如果我們沒有真正去理解自己想改變的原因從何而來，接納自己現在的狀態，就會一直在內心上演拉鋸戰，也許這個改變根本不是我們所需要的。

也許這個改變是為了迎合他人，沒有被我們身心消化吸收的渴望，就像是被

打一針興奮劑，讓人突然有股衝動想去達成目標，但過了一陣子，卻不知道自己這麼做到底為了誰、為了什麼，這會讓我們自我控制的需求受到威脅，引來更多的焦慮、失落感與自我懷疑。

・安全感讓我們不小心就畫地自限

我們應該都聽過這類故事——受家暴者不斷原諒那位施暴伴侶，不管旁人如何勸說，他就是離不開。我們必須先瞭解一種心態，那就是——**一旦習慣且與我們的自我價值結合了的，就會形成安全感**。

美國女權主義作家萊絲里・摩根・史坦納（Leslie Morgan Steiner）在她的著作《瘋狂之愛》（*Crazy Love*）中，描述自己如何一步步踏入被家暴的陷阱。

一般人對受暴者的刻板印象，大多有既定印象她們應該是無經濟能力的家庭主婦，為了生計與孩子不得不忍氣吞聲，但畢業於哈佛、擁有高社經地位的萊絲里，顯然並不需要仰賴伴侶生存。

可是當萊絲里的伴侶康納，在她面前先製造出一個完美的愛情假象，他闡述自己是如何地崇拜萊絲里，稱讚她個性溫和又體貼，並向萊絲里傾訴自己從小被繼父家暴的祕密。

在一連串的布局下，即便萊絲里第一次被家暴，是發生在婚禮前五天，她仍然堅決地嫁給康納，而往後幾次暴力也在康納誠懇的道歉下草草了事，萊絲里甚至認為：「我是堅強的女性，是唯一一個能幫助康納回到正軌的人」。

從她的故事我們可以看到，不是弱者才無法改變，當我們把自我價值跟現在這個具傷害性的情境連結在一起，那就會成為一種另類的安全感。

「至少現在這個狀態是我熟悉的，改變了之後還不知道更好或更壞」，這個概念在諾貝爾經濟學得獎主——丹尼爾．康納曼的名著《快思慢想》（*Thinking fast and slow*）中也有提到，他認為人對於行動所產生的情緒反應大於不行動所產生的情緒反應，讓我們偏好保守陳規、趨避改變帶來的風險。

所以，人類對改變的恐懼過於巨大，讓很多厭惡這份工作或遇上恐怖情人的人，更加不敢跳脫現況，只能繼續待在惡劣的環境中。

・一直沒被好好治癒的創傷，會用「痛」提醒它還在

雖然我不認同許多心理學大師所說——「零到六歲決定我們一生」這種決斷

式的宣判，但不可否認，現在的我們就是過去經驗的總和。

那些沒處理完、沒安撫包紮好的創傷，總會時不時地回來侵擾。尤其當我們越是動盪，這些魔獸的影響力就越大，而改變往往又比維持現狀消耗更多的心神，因此我們是否夠接納自己、瞭解自己，顯得更加關鍵。

薇珊是一位有長期失眠問題的上班族，來訪時很明確地告訴我，她想變得早睡早起，讓工作能更有衝勁，乍看只是單純的睡眠與工作議題，卻意外談至她的童年經驗。

原來薇珊的父母非常嚴格，從小規定孩子一定要六點起床，認為一日之計在於晨，沒有早起就是輸給早起的人，薇珊若是想賴床，父母就會開罵：「妳死了以後就可以睡很久啦！」

雖然目前薇珊已經搬出家自己在外居住，不會再有人要求她早起，可是當她躺上床時，身體總是感覺緊繃、翻來覆去兩三個小時才能睡著，醒來後也總覺得沒有睡飽，以至於上班不停地打瞌睡。

可以說，薇珊從來沒認真傾聽過自己的身體到底需要多少休息，到底在什麼時間就寢、起床最好，也還沒接納需要休息的自己，甚至潛意識裡認定睡覺就輸了，所以怎麼逼自己早睡早起都無效，反而在失眠與睡得過久之間來回拉扯。

雖然迷失、不安全感、創傷經驗都會讓想改變的我們非常焦慮，但只要先做到接納就能有所不同。**接納，是全面性地認識自己，是以身心平衡為前提，是帶著勇氣面對自己的脆弱，也是能分辨內在與外在的聲音**，在這樣的狀態下，你可以幾乎不費力地進行改變，甚至你不會認為那是改變，痛快地投入去完成你所真心渴望的事情。

2.2

「接納」與「自我感覺良好」的差別

「心理師，我覺得人啊，不能太滿足於現狀，要適時地逼迫自己、不放過自己，才有機會成就一番大事呀！」

這是我在跟個案、講座聽眾們談接納時，最常聽到的說法。許多人都有一種根深蒂固的恐懼，認為如果我放鬆了、認為自己夠好了，就不可能進步了。有這樣的害怕是因為，他們想像中的接納，是接納現狀，什麼都不必改變，自我感覺非常良好，這會引發高自我要求者的焦慮：「接納了然後呢？我就什麼都不用做了嗎？」

什麼都不做、什麼都不想，頂多只能稱為「放空」，也許暫時有舒緩身心的功能，但**「接納力」是一種需要持續保持的能力，甚至可以說是一種信念**。它蘊含在你所有處事、待人、對自己和世界的想法中，而我們需要「有意識」地去運用它，而非期待它會在你躺在床上時自動產生。

接納力需要刻意地透過與自我對話、書寫、和世界互動後的反思而得來，所以不用擔心擁有「接納力」之後會變成一個廢人。

相反地，你會開始感受到內在空間變得寬敞、明亮，你的行動力開始以它自然的速度運行，你看待自己的眼光，使你更自在地活在這個世界上。

所以，「接納」與「自我感覺良好」差異甚鉅，甚至這兩種人散發出的「自尊」也有根本意義上的不同。

「防衛型」自尊與「接納型」自尊

自尊和自信一直是我們現代心理學提倡的概念，喜愛自己、信任自己、懂得照顧自己、尊重自己的能力與價值，的確是維持人類身心平衡的關鍵點，但真的有自信、高自尊的人就身心平衡嗎？我猜你們應該看過一些身邊「自我感覺良好」的人，像是活在虛假的粉紅泡泡中，不願面對現實。

談到這裡，我想與你說明「接納型自尊」（我們所渴望的自信、自尊），與

「防衛型自尊」有什麼不同。《收入不平等》（*The Inner Level*）的作者理查・威金森（Richard Wilkinson）與凱特・皮凱特（Kate Pickett），兩位英國流行病學家整理過往對「自尊」的研究後發現，焦慮感與自尊之間有著矛盾的關係。

一般我們常以為，自尊感高的人往往在應對進退上更有餘裕，因此推估他們相較於自尊感低的人，更不易有焦慮感，也就是自尊與焦慮的程度應恰好相左。然而威金森與皮凱特卻意外發現，事實上，當焦慮感增加時，我們的自尊也可能會跟著變高，這到底是什麼原因？

作者蒐集了世界各國多份研究後才了解，在貧富差距較大、死亡率較高的國家，民眾對自己的身心健康狀況「感覺」反而更良好；在社經地位較低的人身上，反而越是誇大自己渴望擁有的特質。

澳洲心理學家史蒂夫拉夫南（Steve Loughnan）稱這個狀況為「自我提升」（Self-enhancement bias）或「幻想優越感」（illusory superiorty），是為了自我保護、避免外在威脅而產生的防衛型自尊。意思是當我們主觀感覺自己比不上他人，擔心他人對我們有負面評價時，我們會運用「防衛型自尊」當成面具與盔甲，像個明明很害怕的小男孩，硬是要ㄍㄧㄥ出一副無堅不摧的模樣，對挑戰他的人大吼：「來啊！誰怕誰！」展現自己的厲害。

也像有些人參加同學會時，即使自己過得不太好，仍要穿金戴銀地出席，生怕被人瞧不起，**這種「防衛型自尊」雖然暫時保護了我們，但長期下來卻會使我們更無法坦承地面對自己與他人。**

而**「接納型自尊」則是在深刻地認識自己、客觀評估自己後產生的自尊，不需透過貶低他人或抬高自己，就能感受到自己的價值**。當你了解並接納自己所有的優點、缺點、為人知與不為人知的面向後，你對其他人的評價、感受會變得更為平靜，不會再於第一時間急著否認；甚至可以區分他人在對你進行評價、攻擊時，是否是因為對方自身被勾起了自我陰影魔獸的關係，進而對對方有更多的同理與慈悲，而不是瞬間掉入「你怎麼能這樣說我！」的忿恨情結裡。

防衛型自尊與他人息息相關，本著保護自己的心，我們會下意識在環境中搜索其他人的喜好，並試著符合外界對我們的期待，要求自己去展現對方想看到的特質，即使這個特質並不符合我們的天性，我們依然會假裝自己有。

然而，若擁有接納型自尊的人，則能清晰地了解到也許自己的某部分不符合大眾口味，但我們仍有獨特的價值，因此能運用個人特色，為世界帶來只有你能創造的美好。

「努力」與「實現自己」

害怕「接納」這個概念的人，也有一個共通的傾向，那就是「過度努力」，走路、吃飯、說話、工作總是匆忙又用力，甚至身體肌肉都會不自覺緊繃僵硬，直到按摩師無奈地說：「先生／小姐，你肩頸好硬，壓力很大齁？」才猛然驚覺，自己怎麼累成這樣；努力不是不好，只是經常造成反效果。

請大家回想以前在學校讀書時期的經驗，當你在準備喜歡的科目和討厭的科目有何不同？是不是讀起喜歡的科目毫不費力，就算不懂的地方也願意一頭栽進去瞭解，甚至讀到忘記吃飯休息、忘記自己是誰；但當你在讀討厭的科目時，是不是覺得度日如年，很容易分心，不斷轉筆、抬頭看時鐘，心想，到底可以吃飯了沒啊～時間怎麼過這麼慢！

這時候，老師或父母就會來告訴我們：「你不能一直念自己喜歡的科目，要分配更多時間給不喜歡的呀，這樣才能拿高分，才會考上好學校！」

所以我們開始學會「努力」，那是一種明明很痛苦，卻得咬牙捏大腿去完成的感受，並且我們深信，這是對的，痛苦才能激發潛能，痛苦才能讓我變得更好。所以長大成人後，遇到我們不是那麼喜歡的工作，我們最常做的就是忍耐，和內心抗拒的聲音辯論；然後認為自己應該要再努力一點，撐下去，卻沒有花時間探索，到底哪裡才是最適合我的位置？哪裡才能讓我的價值最大化？

大多數的人類都不是全方位天才，也有天生能力的差異，但我們一定有比較偏好、擅長、喜愛的領域，那就是所謂的「天賦」所在。我們在進行自己喜歡的事時，會不自覺地進入一種「心流」（mind flow）[1]經驗，心理學家米哈里・契克森米哈伊（Mihály Csíkszentmihályi）提到，當我們在進行一項與自身潛能契合的活動，並得以克服挑戰，會是最樂趣滿盈的時刻，這時候雖然你也的確需要花一點力，但你的內心並不痛苦，因為你正在「實現自己」。

找到天賦、實現自己需要一些探索的歷程，也許有人很幸運，在念書時期就已經找到自己的天賦，一路順暢地隨著夢想邁進，及早投入與磨練；但我相信，有更多人和我一樣，徬徨懵懂了整個求學期，因為逼人的考試制度、無聊的教育

1 心流狀態意指個體將精力、專注力全然投注在某活動中，使身心到達一高度興奮、充實、滿足的神馳境界。

形式而無心投入學業，興趣又被世俗觀點斥為不學無術，出社會後度過好幾年渾渾噩噩地上班族生活，領著微薄的薪水，做著年復一年、日復一日的制式化工作，偷偷擔憂著，是否這輩子我就只能這樣了呢？

這段低潮期喚醒了我，讓我開始探索自己、重新認識自己，決定踏入心理諮商的領域，說也奇怪，以前念書每三分鐘分心一次、數學每個學期都被當的我，竟然可以津津有味地念兩小時的心理學、算三個小時的統計，此時我才真正了解什麼是「實現自我」。原來，我可以念書，原來「念對書」、「做對事」可以如此毫不費力！

如何判斷我們是自我接納，還是自我感覺良好？

如果你還是擔心練習「接納」後，會變得太廢、太脫離現實，我在這裡針對三個常見情境提供判斷準則，讓你放膽接納自己。

· 當你不想做一件事時

接納的狀態：清晰地思考過你不想做的理由，或聽從身體發出的直覺訊號，是跟你的特質、天賦與渴望的生命狀態有關，並真誠地看見自己的優劣勢。

自我感覺良好的狀態：想逃避可能會失敗的機率，害怕出糗，或是擔心別人的評價所以不想做，因為這些都會威脅到自尊，讓我們感覺不良好。

· 當你想休息、娛樂時

接納的狀態：評估最近的工作、生活型態，以及靜下來感受身心需求，聽從內在聲音決定是否需要進行休息和娛樂。

自我感覺良好的狀態：因為想逃開不想做的事情而休息、娛樂，但沒有覺察到逃避的情緒是從何而來，也沒有思考哪些事可以讓我們不會想逃，休息和娛樂變成麻木自己不去感受的方式之一。

・對自己的感受與看法

接納的狀態：我們可以清楚地看見自己喜歡與不喜歡的特質，但我們也知道這些面向都有存在的功能，端看我們如何得宜地運用，不急著展現大眾喜歡的那一面，也不緊張地隱藏大眾不喜歡的那一面，以一個既尊重自己、又關懷他人的出發點呈現自我。

自我感覺良好的狀態：認為只有展現完美的樣子才能得到尊重，因此用力地傳達「我很棒！」的訊息給他人，一旦收到批評就會非常生氣或挫折，會急著否認、與對方爭辯：「你說的這個我才沒有！」

相信大家有看出端倪，「自我感覺良好」的人是麻木的、僵固的，想從任何不好的感覺中逃開，忽視缺陷、誇大優點，對外界的批評容易勃然大怒，以防衛的姿態否認一切，繼續逃回安全的粉紅泡泡中，無法前進。

「自我接納」是清醒的、經過覺察與探索後的結果，情緒上會相對來說比較平穩，雖然仍會因為外界聲音有所波動，但接納的人也會認為這些情緒是幫助我

們更認識自己的過程，而非缺點或不足。

或許，你會發現自己有點像防衛型自尊、有點自我感覺良好，那也無妨，這不是全有或全無的狀態。只要從這一刻開始覺察，並試著對自己坦承，你就已經正在接納自己，就有機會離開過去讓自己過度努力、越來越累的惡性循環，踏上身心輕盈、平衡的人生旅途。

2.3

「我想變得更好」，但是，是誰定義了這個好？

是的，我們都想變得更好，在前一節提到「天賦」這個概念，即使我們的能力、智力、喜好大多是與生俱來，但一個人的天賦也需要支持性的成長環境，以及足夠的練習，才能到達卓越的境界。

所以，「想變得更好」這個渴望並沒有問題，問題在於，這真的是你全心想要的嗎？是否符合你的特質、與你的天賦相配呢？還是這個「好」的定義裡，參雜了過多爸爸的期望、媽媽的需求，或大眾對社會地位的焦慮所形成的標準？

然而，人類本來就很難脫離他人眼光獨自生存，沒有人是一座孤島，外界聲音難免會影響與動搖我們，只是，這些聲音是否經過你自己的思考、感受、行動去驗證，確認適合我們後才將它採納；還是你將這些聲音三口併作兩口，沒有對它質疑，更沒有進行驗證，只因為是對你重要的人所說，就囫圇吞棗般地吃下，更不關心自己吃了是否拉肚子呢？

感到幸福毋須向誰證明

涵蓉面色枯槁地坐在我的對面：「心理師，我一定要結婚。」

「喔？現在有對象嗎？」

「沒有，但是我都三十九歲了，再不結婚不行。」

「不結婚不行，這是誰說的呢？」

「我自己說的，不結婚就是有問題的人。」

涵蓉告訴我，她這一年來非常積極地參加聯誼，幾乎每個禮拜都去，盡可能地認識對象，雖然有一些人對涵蓉表示好感，但最後都沒下文，所以她每天都被這件事困擾著，情緒焦慮不堪。

當然，不少人都會有年紀到了，在婚配市場上越來越難找到對象的擔心，可是我直覺覺得涵蓉的狀況不太一樣，她的家人、親戚都沒有給她施加這方面的壓力，不像是家庭觀念所致，而當我邀請涵蓉想像她嚮往婚姻生活的什麼部分，她竟彷彿從未幻想過般平淡地說：「嗯……就那樣吧，有丈夫有小孩，過著穩定的日子。」

咦？聽起來也太不吸引人了吧，甚至當她提起這些時，她的眼神連一絲光亮都沒有閃過，我不禁懷疑，這真的是她真心渴望的嗎？我好奇地問：「妳是從小就這麼想結婚嗎？還是從什麼時候開始有這個想法的？」

涵蓉思索了兩三秒，告訴我：「五年前吧，開始有想結婚的念頭。」原來，五年多前涵蓉與前男友正論及婚嫁，卻在提早下班的某天，當場撞見男友與他的公司同事躺在原本屬於兩人的床上，那一刻涵蓉便當機立斷地提出分手，把男友和那位同事趕出家門。

說到這裡，涵蓉潸然淚下，她以為都過去五年多了，當初自己也沒有委屈忍耐，應該已經不會再受到這件事的影響了，沒想到再次提起仍清晰感覺到心口的劇痛。

涵蓉說，在當場抓包後的三個月，前男友就和那位同事結婚了，前男友還在臉書上PO文：「我今天結婚了！感謝老天讓我遇到對的人。」不知不覺間，涵蓉吞下了這則貼文的隱性意涵：「難到我是錯的人？我一定要結婚，證明我是對的，我是好的！」

但這個念頭讓涵蓉即使努力參加聯誼，仍帶著一顆惶恐的心，生怕「如果這些對象再次證明了我真的是錯的人，怎麼辦？」所以每當關係要更往前一步時，涵蓉就退縮了。

涵蓉的故事告訴我們，當你在追求一個你認為「好」的信念、一個你認為「對」的目標時，若總讓你感到痛苦焦慮，那就是不太對、不太好，強烈的情緒正在邀請你暫停下來，問問自己以下三個問題：

1. 這些信念與目標從何而來？有誰說過？
2. 這些信念與目標背後有沒有故事？
3. 我是為了感到幸福而達成它，還是為了逃避痛苦、證明自己是好的，而想去達成它？

這幾題並不好回答，因為裡面蘊含了個人的盲點，通常建議和心理師或一位懂你的、有耐心的朋友相互討論，尤其是第三題。**但關鍵在於，感到幸福毋須向誰證明，所以如果你的信念與目標有「想證明給某人看」的意味，這裡頭肯定與外界立下的標準有關。**

這個決定，有沒有讓我更成為自己？

每個人都有一個很深的渴望，那就是「做自己」，**做自己很常被誤會成是沒有禮貌、我行我素的代名詞，所以我認為更精確的說法是「成為自己」**。

因為「自己」並非一個永不更動的「點」，而更像是一段你經過探索、實驗再實踐的「線性」歷程，我對「成為自己」的定義是：**在探索本質、天賦與渴望後，有勇氣讓這樣的自己追求你要的卓越**。

前陣子有一個新聞，看似一般卻讓我心裡滿是感觸，美國 ABC News 主播在提及「英國喬治小王子在學芭蕾舞」時，刻意暫停下來，做出鄙夷的表情，引發其他節目來賓一同訕笑，然後說：「讓我們看看他可以堅持多久。」此言一出立刻引發熱議。

雖然社會輿論一面倒地支持喬治小王子可以盡情做自己，甚至有三百位男性芭蕾舞者上街共舞，以實際行動表達對這種歧視言論的抗議，可是，當我們選擇成為自己、旁人卻不贊同時，通常沒有那麼多人會站出來挺我們，你還有勇氣能堅持下去嗎？

「歸屬感」是人類的基本需求之一，我們都想要被肯定、被讚賞，因為這讓我們有被群體接受的安全感，但另一個重要的基本需求——「成為自己」則經常和歸屬感相互牴觸。

舉例來說，若當你想選讀的科系會讓家中長輩勃然大怒，並且表示如果你堅持選讀，他們就不幫忙付學費；或當你想從事的行業，伴侶卻堅決反對，表示你做這行太沒前途，會讓他顏面無光，這時候你該怎麼辦？

很遺憾地告訴你，我無法提供標準答案，人與人之間就像兩隻刺蝟，距離太遠時覺得寒冷，總忍不住靠近依偎；然而距離太近時又因為彼此的刺，而互相刺痛，因此我們只好來來回回地在「歸屬感」和「成為自己」當中，找到自己最平衡的位置。

這絕對不是要你在「順從聽話」和「一意孤行」中二選一，而是邀請你同時學習，**如何在和重要他人表達你的渴望與需求，以及聽見內在呼喚時，不被罪惡感與恐懼擊倒，站穩腳跟，勇敢地順應這股力量**。

試著理解，否定我們、不看好我們的人，也並非是處處阻撓我們的壞蛋，他們通常帶著以下幾個理由：

1.擔心我們會失敗、受傷。

2.你的渴望不在他的生命經驗，導致他難以理解，或是對未知感到不安。

3.把你的價值跟他的價值混為一談。例如，有些父母會認為小孩的表現代表了我這個爸媽合不合格，伴侶會認為另一半的成就代表了我的選擇、我的顏面等。

4.他自身的經驗裡也經常被否定，或是他極度恐懼跟大家不一樣，進而被群體排斥。

你也許已經看出，人的內心非常矛盾，一方面羨慕著能勇敢做自己的人，一方面又害怕跨出舒適圈的後果。請試著以溫柔的眼光去同理，否定你的人，其實他們正在膠著於自己的恐懼不安。

所以，在「成為自己」的過程中，我們也肩負一個「責任」，就是讓身邊的重要他人了解，「成為自己」對我們而言的重要性。

當然，對方依然有權可以不接受、不高興；但只要你已盡力溝通，便足矣，也請接納對方暫時沒有能力理解你。

「成為自己」並非一條容易走的道路，所以當我們看見那些遵從內在聲音、活出自己渴望的模樣之人，總不禁佩服：「啊～他實在太厲害了！」因為這些人激盪了我們內心那些蠢蠢欲動的渴望、那些因擔憂外界評價而深埋心底的夢想。

在此，我想鄭重地邀請你，無論你現在幾歲、過得如何，請開始試著喚醒那個渴望與夢想，不求一步到位，**只要從「下一個決定」開始，向內心多問一句：**

「這個決定，有沒有讓我更成為自己？」

2.4 接納力不足的徵兆

談到接納力，我想要先給你一點信心。人類在出生之時，都擁有完整的接納力，我們不會批判自己的身材，不會擔憂別人的評價，不會厭惡自己有情緒。

當我們開心、舒適，我們咧起嘴大笑；當我們不開心、不舒適，我們便皺起臉大哭。也正因為一切那麼自然、流動，我們的情緒感受不需要忍耐、壓抑，所有都是當下發生、當下消散。

但隨著我們日漸長大，如此自由自在的生活卻已不復存在，因為人類也有社會化、融入群體的需要，我們勢必得做一些退讓，以求得到其他重要的東西，像是友誼、感情、職場表現等。但我們依然需要足夠的接納力，讓我們不會在追求成就、人際關係的過程中迷失你想要的自己。

所以，**接納力不是全有和全無的議題，而是和你自身的平衡有關**，不要追求完美如嬰兒時期般的狀態，因為那已經不適合現在的你。**現在的我們更適合時刻**

保持彈性，在與不同對象、事件的互動下，運用你的內在智慧，找到屬於你自身的平衡點。

在本書最開頭你做所過的「一分鐘自我接納力小檢測」中，那二十道題目皆可用來判斷你對自身的接納狀態，而這一節將更深入探討接納力不足會有哪些常見的現象，提供你與自己的經驗核對。

經常處於「低頻率」的情緒狀態

在我的講座和諮商裡，你一定不會聽到我說「正向情緒」或「負向情緒」這幾個字，**因為情緒就只是情緒，沒有對與錯、正與負，它的功能只是忠心地提醒你：「主人，我們有什麼不對勁了！」**進而希望你關心自己、關心周圍，然後產生相應地行為得到最適合你的結果。

但是我們卻常搞錯重點，有情緒的時候會立刻責怪情緒，認為有這種情緒真不好，我們也會責怪把情緒展露出來的人，覺得他不成熟、情緒化，所以大家都

「努力假裝」自己很理性，殊不知這些被你關進小房間的情緒並沒有消失，它只會更用力地發揮它的職責——讓你聽見它的提醒。

所以，我更喜歡把情緒分為讓你感覺比較舒適的「高頻率」情緒與比較不舒適的「低頻率」情緒。意識能量學宗師大衛・霍金斯博士（David Hawkins, Ph.D.）在他的著作《心靈能量：藏在身體裡的大智慧》（*Power vs. Force*）中用科學儀器測量，發現不同的情緒有不同的物理振動頻率。[2]

以數字零到一千作為判斷級別，從最高的「開悟合一」[3]（700-1000）、「平靜」（600）、「喜悅」（540）、「愛」（500）、「智慧」（400）、「寬恕」（350）、「真誠友善」（310）、「信任滿足」（250）、「勇氣」（200），以上皆為高頻範圍。

而二百以下則算是低頻情緒，像是「驕傲」（175）、「憤怒」（150）、「貪婪上癮」（125）、「恐懼」（100）、「悲傷」（75）、「絕望放棄」（50）、「罪惡自責」（30）、「羞愧」（20以下）。

頻率影響之大，讓我們對自己和他人的情緒都相當有感，就像我在講座中，為了讓觀眾更了解情緒的微小差異，及情緒對人的影響，我經常和大家玩一個互動遊戲。

所有人分成兩兩一組，一個當觀察者、一個當被觀察者，先請被觀察者專心想一個你最愛的人，接著，再專心想一個你最討厭的人，藉以讓大家觀察情緒的變化。每次進行這個活動，現場的氣氛變化之劇烈，讓好多觀察者告訴我，沒想到愛與恨的能量差那麼多，光是在一旁觀看的自己都有明顯的感受，這就是情緒頻率在人與人之間產生的共鳴。

即使當你發現自己經常處於低頻率情緒中，也無須驚慌，不用刻意很急地要求自己「高頻」起來，就像許多明明不開心卻期望自己「正向」一點的人，會發現這件事很難、很假。而很多夥伴也告訴我，他們對別人的低頻情緒感到不舒適，其實對方的情緒也可能是我們「情緒陰影魔獸」，是我們不被允許擁有的情

---

2 因為情緒看不到摸不著，因此大衛·霍金斯藉由可測量的頻率，來解釋為什麼我們被其他人的情緒影響，並試圖模擬。當我們生氣時周遭的人會明顯感到較不舒服，若選擇離開則不舒服的情緒會舒緩下來。

3 有點類似禪宗中提及的靜心過程，既專注又放鬆的狀態，與宇宙萬物沒有分別心，回到意識中合一的原始狀態。

緒展現，而我們也容易因對方的情緒而感到被責怪，這些都是亟需修煉的功課，有清明的情緒界線，承認哪些是自己的，看清哪些是對方的，才有辦法真正建立健康的人際關係，不再被情緒綁架。

請先接納我們正處在這樣的情緒中（歡迎回到第一章第七節進行「馴養情緒四步驟」練習），不逃開、不壓抑，反而重視它的出現，才能聽見這個情緒想要告訴我們什麼。

情緒來襲不會挑你有空的時候，更多是在你最急忙、最關鍵、最低潮時來到你面前，如果沒時間馬上進行情緒的探索，我通常會先簡單的辨識出「我現在正產生了那種情緒？」然後輕輕地在心裡對它喊話：「某某情緒，我感覺到你了，我知道你非常不好受，但我現在需要處理眼前的事情，需要先請你等我一下。但我答應今晚睡前會跟你好好的對話，來看看我們到底怎麼了。」（面對情緒高漲，但你暫時無法溝通的伴侶也適用）

透過這樣的「內在溝通」，我相信比你帶著強烈情緒去處事待人來得更順暢，但它會記得你的許諾，答應要跟它進行的對話可別食言呀！你誰也騙得過，唯有心靈什麼都記得。

討厭某些人

討厭的人真的好討厭（廢話），但我常常在情緒過後會想，他們能引發我這麼大的感受，代表這裡頭有我該學的功課；我絕對不是要你成為人人好的鄉愿角色，在該保護自己時，還是要毫不猶豫地劃開界線。

但**請別小看對方所引發的這些感受，這往往表示對方身上的某些特質與狀態，是下意識被我們所排斥在外的**；日常中遇到活生生的討厭鬼時，請先別急著惱怒，這正是我們練習接納的好時機，通常我是這麼做的：

1. 先允許所有被對方激發的情緒出現，並挑選一個安全且私人的空間中將這些情緒抒發出來（例如寫在日記裡而非臉書上，以免後續延伸更多麻煩事）。
2. 接著我會思考在這過程中，有沒有我需要保護、捍衛自己的地方？先評估現實狀態，是單純看不慣，還是他真的會威脅到我的安全（該為自己說的話，請堅定地表達出來）。

3. 寫下他身上有什麼特質與狀態是自己無法接受的（你也可以回到第一章第一節的「詞彙覺察練習」中探索）。

4. 我有沒有可能在特定狀態下出現這些特質？

5. 這些特質有什麼存在的必要性？

第3、4、5小題很有意思，例如我很討厭「驕傲自大」的人，但我也曾有過得意忘形、覺得贏了別人實在太痛快了的經驗，只是當下立刻被長輩訓斥：「驕傲不可形於色，否則將遭人算計」。

不過說實話，驕傲自大帶來的感覺其實很不錯，讓我們忍不住嘴角上揚、走路有風，當然，我們需要控制「驕傲自大」出現的比例和方式，和你信任的人開心地說說今天的驕傲，或在日記中狠狠地誇獎自己一番，這都有助於身心健康，但如果變成帶有鄙視他人的驕傲自大，絕對會破壞我們的人際關係。

有討厭的人很正常，更是探索你想成為怎樣的自己的重要歷程，但「接納」可以幫助我們更有意識地理解，我對他的討厭，是為了捍衛自己，還是無意識地把自己的一部分也拋棄了。

抱怨自己的境遇

你是否有過，覺得「怎麼衰事都落到我頭上」、「真是生不逢時」、「為什麼命運這麼坎坷」的時刻，而忍不住和身邊的人抱怨起來呢？

別緊張，我不會要求你即刻展開「不抱怨的人生」（畢竟抱怨一下挺舒服的，有時也幫助我們釐清自己的想法），我只是希望能讓你了解，**「抱怨」和接納力不足，其實有相當程度的關係**。

相信你對「塞翁失馬」的故事非常熟悉，雖然如此老調重彈，卻是我很喜歡，且會不時拿來提醒自己的觀點。

我們經常會落入一個名為：「不是我所期待的結果，就不是對的結果」的陷阱，並為此感到失敗、挫折、痛苦，可是小小的我們，哪能知道宇宙真正的安排是什麼呢？

舉例來說，之前我某位好友非常想要一份國外的工作，花了很多的時間與費用前往面試，但最後卻不了了之。這段經歷，讓他相當落寞，甚至開始懷疑是不是自己不夠資格。但過了幾個月後，新聞卻報出該國當地發生長期的動亂，要是那位好友當時順利去該國工作了，現在可能連回國都難。

「接納」可以幫助我們看清，並安在於真實的當下。就像去登山時，若不巧遇到大霧來襲，最好的避難方式，便是原地等待救援；如果當下過於驚慌，不願意接受看不見前方道路的現況而胡亂走動，更容易失足墜崖。

待著，看似沒有進展、不夠努力，卻是最重要的一場修行。

過度在意他人的眼光與評價

人類身為社交動物，幾乎所有的機制都是為了彼此互動而設計，很難有人可以脫離他人眼光而活，可是過度在意他人的同時，也可能會讓我們畏首畏尾、綁手綁腳。

心理學家莎莉・狄克森（Sally Dickerson）與瑪格麗特・奇米妮（Margaret Kemeny）在分析大量研究數據後發現，讓人類壓力荷爾蒙濃度最大量的活動皆與「是否被他人觀看、評價」有關，光是想像自己收到他人的負面評價，就足以讓皮質醇（Cortisol，別名可體松、壓力荷爾蒙）[4]上升。

足夠的接納力能讓我們分辨，哪些評價是合理的、有建設性的、適合我的，哪些評價是惡意的、攻擊性的、跟我無關的。

真正有接納力的人不會輕率地說出：「嘴巴長在別人身上，我才不管他們說什麼」而是經過有意識的判斷，去決定我們到底是收或不收，抑或是僅收下部分有價值的評價即可；行事的動機，也不會僅是為了想被他人肯定才做，而是評估自己的狀態後，發自內心願意去挑戰不那麼受重視、卻符合內在渴望的事情。

難以感到滿足

「永不滿足」（stay hungry stay foolish）聽起來真是有鬥志又激勵人心，好像

4 屬於腎上腺素中的一種，會在我們面臨挑戰或危險時分泌，又稱「壓力荷爾蒙」，短期內可幫助我們增加爆發力與專注力，但若長期分泌、沒有獲得紓解放鬆，會造成身心功能衰竭，最終可能導致過勞。

我們得保持虛空，才能裝得下更多成功，但在布芮尼・布朗（Brené Brown）博士於《脆弱的力量》（*Daring Greatly*）中提及，我們大家都活在一個提倡「永不知足」的文化當中，好似若你想高人一等，就得拚命去獲得更多，以消弭這股匱乏感。而這樣要求自己維持「過度渴求」的狀態，反而使我們每個人都更加自卑、相互比較、冷漠抽離、彼此敵對。

這個惡性循環的影響力相當龐大，如果沒有清楚的意識就很容易被捲入，布芮尼表示：「匱乏文化的最大傷害，是讓我們覺得自己不夠好，而不願意接納自己的脆弱與不安，失去自信參與世界的能力。」

所以，如果你很難對此刻的自己感覺滿足，時刻將注意力放在那些別人所有的，而我沒有的點上，可能就是接納力不足的徵兆。

但請相信，這不是你一個人的問題，而是我們貧富差距巨大的社會、媒體社群提倡的氛圍所致，甚至連每則廣告都試圖洗腦你——「你不夠好，買了這個產品你才會更好！」我們需要更高的覺察去發現自己，是否正在被「永不滿足」的洪流淹沒了你的幸福感。

被「未竟事宜」困住

未竟事宜（unfinished business）這個名詞是由完形治療[5]（Gestalt Therapy）之父波爾斯（Fritz Perls）所提出，意指那些生命中沒有好好完結的篇章，會不斷地用各種形式獲取我們的注意力；像是常見的「遺憾」、「悔恨」、「罪惡感」，或是在心裡不斷揣測的那些「如果」，無一不像菟絲花般纏繞著我們的心靈、汲取著我們的能量，一旦過分蔓延，我們這個主體本身就會乾枯殆盡，生命將動彈不得。

說到遺憾，就不得不提到死亡，因為死亡的不可逆性，以致往往當遺憾發生，便容易造成我們難以抹滅的劇烈情緒。

拿我自己為例，從小，我就和爺爺感情非常要好，因為爸媽都忙於工作的緣故，我可以說是爺爺一手拉拔長大的。爺爺幾乎每天都烹煮整桌的好料餵養我、

5 完形治療為基於現象學及存在主義的心理治療學派，主要在治療過程中協助個案增進對自己的覺察，邁向統整之路。

接送我上下學、說床邊故事給我聽，甚至每逢週末爸媽要把我接回家時，都還得上演無數回生死離別，我哭，爺爺也躲起來偷哭。

在我國三那年，爺爺得了癌症入院，我推甄上高中後就天天去醫院照顧他，但在照顧的過程中，我卻只是一直盯著電視，很少跟爺爺對話。

到暑假時，媽媽正準備要向我兌現「考上高中帶妳出國玩」這個承諾，我卻有點猶豫不決，就在這時，爺爺卻堅持叫我去，說他為我開心、他會等我回來，醫生也說爺爺大概還有四、五個月的時間，於是我就出發了。

大約出國兩週後，媽媽接到爸爸打來的電話，說我們該回臺灣了，我默默不語地收拾行李，我知道，爺爺走了……當時我的內心非常憤怒，不是說好要等我的嗎？怎麼騙人！

在喪禮上我並沒有怎麼哭，大多時間就是麻木地站著。接下來的好幾年間，我只要在生活中受到委屈、挫折，我就會躲到被子裡哭，然後嘶啞地喚著爺爺的名，心裡總有一個感受，除了爺爺，這世界上沒有人真的愛我，不是爺爺給的那種愛，就不是愛。

直到多年前，我在曹中瑋老師[6]的課堂上提及這段往事，我才發現，我對於自己當時沒有留在臺灣、沒有好好跟爺爺說話的遺憾與沉痛，已化身成憤怒與拒絕，讓我把世界推開，也把自己推開，不願再愛。

曹老師溫暖的一句：「也許爺爺是故意的呢？也許他不希望妳看著他離開……」我瞬間淚如雨下，內在卻浮現一個「完結」的感受。

爺爺都了解，為何我無法和他對話，那是因為我不忍看孱弱的他日漸消瘦，我卻什麼都做不了；爺爺都了解，為何我沒有在喪禮中落淚，那是因為我太愛他，愛到不願面對這個事實。

或許你會想，到底爺爺是不是故意的，已無法證實，但**對於「未竟事宜」其實不一定需要別人的說詞，有些事、有些感情，僅需要我們自己給它一個完結篇，就能繼續前進**。

在我的經驗中，曹老師的那段話讓我接納了自己當時的決定，也重新框架了自己的視角，我與爺爺的愛不是用最後那些天來定義的，而是此生相處的分分秒

6 臺灣完形學派心理師，國立臺灣師範大學教育心理與輔導研究所碩士、博士。現為專業諮商心理師及督導，專注於完形諮商取向之諮商實務、督導與訓練工作。。

秒，爺爺的愛也從未消失，一直在我身上、給我滋養，讓我有能力去給人更高品質的愛。

請你試問自己，是否還有一些無法忘懷、無法原諒的情節，會在很多時刻跑出來、左右你對這世界的看法，束縛住你的心，那可能是我們還沒接納當時的自己，我們還沒為自己的過去播放完結篇，反而可能需要一些時間，重新檢視這些過往，找找當中糾結的點，有沒有不被原諒的那個自己。

我們多多少少都會有以上某些徵兆，而接納力也不是固定不變的狀態，有點像是免疫系統的概念，當我們的人生舒適快意的時候，接納力會比較足夠，當我們命運乖舛時自然會比較不足。

這些徵兆不是用來判斷你的好壞，而是讓我們帶著清楚的意識看見自己現在發生什麼，我們可以積極、主動地提升對自己的接納，無需再耗費大量心力來討厭自己、抗拒命運。

2.5

逃避不可恥，但總讓我們感到更罪惡

隨著科技、醫學的進步，現代人越來越怕痛了，這裡所謂的痛，不只是肉體上能感受到的痛覺，心靈上的空虛、無望、自卑和焦慮更像是螞蟻齧咬般地令人難以忍受，因此我們發展出一拖拉庫的逃避策略，讓我們不需要觸碰這個不舒適的自己。可是，就像你胃痛時去吞止痛藥一樣，雖然能達到暫時的舒緩，卻無法根治病灶，甚至還會因此拖延了治療黃金期而變得益發嚴重。

在紅極一時的日劇《月薪嬌妻》中，男主角平匡有一句經典名言：「逃避雖可恥，但很有用。」身為專業單身男的他，長久以來懼怕進入感情關係，因為那裡太未知、太危險，他也不認為會有人愛上這樣的自己；所以乾脆待在習慣區域，獨善其身、只求安穩，而女主角美栗的出現，雖然讓平匡的心起了巨大波瀾，卻也震盪著他的安全感。

不知所措的平匡只能一次次地逃開，覺得不去愛才不會痛，可是當他逃到最後卻發現依然痛得要死，故事才在男女主角決定「勇敢面對」下落幕。

回到真實世界裡也是如此，你越想逃開的人事物，越是不斷出現在你眼前。所以，**會「痛」好重要，痛的目的就是讓我們無法繼續忽視那些重要的聲音，直到你願意面對自己、接納自己，這個關卡才有可能跨越**。

這個世界發明太多幫助我們逃避自己的方式了，其中有些方式之冠冕堂皇，可能連你都不覺得自己在逃，現在我邀請你勇敢地檢視，你是否正在用下列事物來避開自己的真實感受？離自我接納越來越遠呢？

手機與社群帶來的無痛社交

自從有了手機以後，我發現人們對於情緒的耐受力變得越來越低，脾氣更加暴躁，包括我自己，當網路訊號不佳的時候，哇～那股無名火讓我只差沒把手機摔出去。因為手機提供了極為迅速又廉價的外在刺激，讓你隨時隨地只要感覺到一點無聊，就會想打開手機瞧瞧，有沒有人找我？世界上還有什麼新鮮事？成為

「錯失恐懼症」（Fear of missing out，簡稱 FOMO）的患者，被手機提醒給綁架了。

除了逃避情緒，無需面對自己的狀態之外，社群平台（包含 Facebook、Instagram、Twitter、Line、各式交友 app 等）也都助長了「無痛」的關係模式。

這些平台的發展初衷，就是看準人有建立關係、歸屬感的需求，但不知從何時起，大家反而越來越少舉辦同學會、越來越不約見面，因為平台已經給了我們「虛擬」的歸屬感，讓我們對彼此的狀態一清二楚。

可以按個讚、留個言表示關心，這樣的互動看似安全多了！約出來見面可能還得應付內心的人際焦慮，社群媒體讓我們免去那些「他是不是討厭我？」、「完了，接下來該聊什麼？」的小劇場，就能獲得某種連結的感覺。

但真相是，我們越來越焦慮、越來越孤單，因為人類數百萬年來的關係都是透過「視、聽、觸、味、嗅」五感建立的，當我們四目相視，聽見對方的語氣音調，感受彼此的溫度、味道，那種關係才是踏實的、持久的、對身心有幫助的。

這就是遠距離戀愛為何那麼容易失敗的原因，即使拜科技所賜，視訊讓愛傳千里，但視訊仍做不到讓我們「四目相交」，我也看著螢幕、你也看著螢幕，雙方們的視線都是往下的，更別說對方的氣味、體溫，導致親密感不容易建立。

現下的交友平台讓我們可以快速、大量地搜索適合的對象，這是一件好事，但也更加速讓人「合則來，不合則分」，缺少了磨合、溝通和自我探索的機會，天真地以為，努力找就可以遇見一位無需碰撞、完美契合的伴侶。

因現代人對無痛社交的需求越來越高，你在網路上能找到與陌生人約吃飯的「共食」網站，和陌生人講電話講到睡著的「掛睡」網站，都正是主打「每段關係，淺淺的就可以」，雖然看似無痛，不喜歡還可以立馬封鎖，永世無需再見，一點時間也不浪費，卻開始有很多人覺得：「交友 app 聊來聊去都一樣，安安，你好，住哪？聊完還是會寂寞。」

淺薄的關係，加上怕痛的人類，終將造就一個疏離的社會。

食物帶來的無痛慰藉

前陣子我非常著迷於收看旅遊生活頻道的《沉重人生》（My 600-lb Life），

節目中寫實地訪問了每一位過度肥胖（節目定義為超過六百磅，約莫兩百七十二公斤）的主角，並試圖展開協助行動，無獨有偶，每位主角都過著悲慘的童年，無論是遭受性侵、家暴、忽視或貧窮，他們唯一的慰藉即是「食物」。

幾乎每個人都在訪談時說道：「只有食物不會背叛我」，這是多麼令人心碎的一句話，一語道盡無數黑暗的日子，相較於健康有益身體的食物，處於低社經地位的人們，往往更傾向選擇便宜卻高熱量的速食。

這種「痛苦」↓「食物」↓「更多的痛苦」↓「更多的食物」的惡性循環，讓他們難以脫離貧困與惡劣的關係。

節目裡除了減重醫師的協助外，也請到心理諮商專家與主角們一同探索那些不願面對的創傷過往，專家認為，如果沒有正視心理因素、沒有好好地接納自己，不但難以引起減重動機，就算成功瘦身，也容易再度回到慣性生活模式。

我們多多少少也曾將進食當成因應壓力的策略，尤其每逢週末，許多職場上班族積累了一星期的鳥氣，忍不住要「怒吃」一頓，這時我們經常吞下過量的食物，不但無法真正紓解壓力，還反倒增加了內臟器官的負荷。

這種「情緒性進食」長久下來僅能算是一種逃避手段，偶一為之圖個爽快，但我們心裡得清楚曉得，沒有真正面對自己的壓力與情緒，它只會繼續陰魂不散，並造成更嚴重的惡性循環。

酒精帶來的無痛麻醉

以前我還在金融業的時候，經常需要舉辦活動和晚宴，平常嚴肅的主管們，幾杯黃湯下肚後一個個變成手舞足蹈、胡言亂語的青少年，他們告訴我，喝酒好放鬆、好開心。

的確，少量的酒精能讓中樞神經感到放鬆，紓解平時的緊繃感，但如果你是因為心情低落、想逃開某些人事物而喝酒，酒精只會讓你愁上加愁；尤其有失眠問題的人會誤以為喝酒助眠，酒精的確讓我們容易入睡沒錯，但它卻抑制了快速眼動期（Rapid eye movement）[7]的睡眠品質，而快速眼動期是我們代謝情緒壓力

7 人體在睡眠中會進入到一個眼球快速移動的階段，此時，也代表人在作夢。科學雖然尚未完全解開做夢與快速眼動期之謎，但已證實此階段能幫助人體減輕情緒壓力、治癒創傷。

的重點時期。所以酒精的解脫只有極為短暫的效果，隨之而來的是清醒時的宿醉頭痛、煩躁苦悶。

更常見到在朋友之間，當聽到對方說一件傷痛的事（例如失戀、家裡出事、工作有狀況等），人們經常會反射式地回應：「那今天晚上我陪你去喝酒，不醉不歸！」好像酒精是唯一解藥，但會不會其實是我們太害怕觸碰情緒，所以也成為對方的共謀，一起逃避了呢？

運動、工作等有建設性的行為帶來的無痛制約

Jackie 來找我的時候常常是東一個繃帶、西一個酸痛貼布，因為他每天不跑個三萬步不行，你可能會訝異，運動明明就是一個好習慣，要我養成還很難呢，怎麼會變成癮頭呢？

Jackie 兩年前遭女友分手情緒低落，某一次去操場跑完步覺得神清氣爽後，就決定每天都要去跑，還買了全身的裝備，包括運動手環，一開始設定每日一萬

步，到最後變成三萬步，如果外面下雨他就會在家原地繞圈，一定要達到那個數字才能安心入睡，即便他已經肌腱受傷、筋膜發炎，醫生叫他不准再跑了，他還是停不下來，才輾轉被介紹來進行心理諮商。

另一位 Amber 則是在加班時昏倒，幸好被打掃人員發現緊急送醫，直到主治醫生判斷可能是過勞產生的心血管疾病，Amber 才願意來談一談，長期以來，她每天都一定要把老闆交代的事做完才肯離開公司。

其實，**過勞就是一種「你的身體決定與你的腦袋斷交」的疾病**，你用腦袋的意志力奴役身體繼續工作，但你的身體其實承受不住，這時候身體就會以嚴厲的方式告訴你，「我不幹了，看你怎麼辦」。

Jackie 和 Amber 的共通之處，就是「忽略內在的聲音」，不去面對自己的真實需求，追逐運動手錶上的「數字」，或老闆的「指示」，認為達到了外在標準才是對的，被一天一天的慣性制約，卻沒發現身心早已油盡燈枯，這也是沒有接納自己的現象之一。

要自我接納，就務必得去瞭解你此刻需要什麼，昨日的需求可能跟今天的不一樣，而不是被制約成一個魁儡。

以上這些行為都有兩種面向，當你在身心平衡、有意識的狀態運用它，它可以是一樁美事，但如果它們變成你的逃跑策略，就只會阻擋你的接納之路，離你想要的人生越來越遠，進而被控制、無法逃脫。

我知道，就是因為太痛了，所以才需要逃開，曾四處奔逃的我也曾經如此，不是我們不好，而是還不知道有「接納」這條路可以選擇，等到你逃累的那一天，歡迎你隨時回到自己心裡的家，好好地照看傷口，接納自己當下的模樣，它不需要美麗，卻是我們真實活著的印記。

2.6

總覺得自己不配、不值得——冒牌者症候群

當我們（尤其是身處東方文化裡的我們）聽到別人誇讚自己時，幾乎都會反射性地回應：「沒有啦～你過獎了！」但同樣的回應裡頭，心理層面的感受卻大不相同，如果你偷偷暗爽，那你可能只是有意識地在表達謙虛，符合文化規範；如果你的內心已經開始尷尬、不舒服，甚至想要逃，那你就可能是所謂「冒牌者症候群」（Imposture syndrome）[8]的一員了。

別驚慌，有冒牌症的人比你想像的還要多，至少前美國第一夫人蜜雪兒・歐巴馬（Michelle Obama）、飾演妙麗的艾瑪・華森（Emma Watson）與臉書前營運長雪洛・珊伯格（Sheryl Sandberg）都在書中、演講中表示自己有這樣的症頭，所以你並不孤單，這是一個極為普遍的現象。

冒牌症是性別議題？還是社會議題？

聰明的你可能會發現，哎呀，怎麼盡是些優秀的女性有冒牌症？因為這個社會較鼓勵男性追求成功，女性多半被期待當個「背後的那雙手」，輔佐、顧家、安靜的角色，所以當女性試著活出自己、發揮天賦時，得經常面對許多否定與質疑的聲浪。

像是父母會灌輸女兒「嫁人」比「工作成就」來得重要，我曾在國外認識一幫攻讀研究所的日本女性，她們的志業就是「進入大商社，找到好夫婿，然後當個賢妻良母」，所以赴海外讀書、拚命工作的目的，就是成為「某個優秀男人的家後」。當時聽見這說法簡直讓我驚呆了，但回到國內，我也不時感受到臺灣女性不敢成功的現象，包括我自己，曾在可以當班長的時候，自願當「副班長」，

---

8 此名詞在一九七八年由美國臨床心理師克蘭斯博士（Pauline Clance）與因墨斯（Suzanne Imes）共同提出，指稱在成功人士身上的一種無法相信自己的現象，認為自己的成就只是幸運或外在因素，並強烈擔心有朝一日會被眾人識破。

比較安全，也比較符合同學對我的形象期許。

與其說冒牌症是性別議題，我會說它是社會議題，社會大眾如何定義性別，以及長輩如何教育孩子，導致孩子從小內化了「成功只是運氣好，不是因為我的努力和優秀」這樣的觀念，所以第一步要先自我檢驗，過去哪些經驗、話語讓我們收下了「我不夠好」的信念，是爸爸的一句話？媽媽的一個眼神？老師的放水或指責？老闆的意有所指？請記得適時地清理這些聲音，它本不屬於我們，花點時間讓它慢慢離開我們的身體與心靈。

你其實害怕成功和幸福到來？

說到咪醬，很難不被她精緻的五官、妝容與穿搭吸住眼球，咪醬正在經營一家規模不小的網拍公司，每次直播賣衣服的神情總是充滿自信，無法想像在我面前的她卻蜷縮成一團毛線，痛苦地理著紛亂的思緒。

「我覺得還是賣給別人經營好了，其實這樣也賺夠了，好像回到一般公司去上班比較妥當」，原來最近有集團跟咪醬接洽，想以低價收購公司，他們試著說服咪醬網拍只會越來越競爭，敵不過大集團，不如現在脫手求得一身輕。

顯然咪醬相當不願意賣，但似乎無法停止這個恐懼的感受，從胃部翻攪到喉頭，我請她記住身體的感覺，閉上眼睛，回朔過去有沒有哪些時刻也出現這樣的翻攪。

咪醬立刻想起國小五年級時，當時班上正在策劃園遊會攤位，咪醬提出一個好點子，叫做「恐怖故事屋」，前來的人都可以免費抽一個故事，但抽到的故事只有前半段，最精彩的真相要花五十元代幣購買，再送一根冰棒讓你壓壓驚，這個點子在園遊會上大獲全勝，讓咪醬的班級賺了當天最多的錢。

咪醬開心地回到家，等不及地跟爸媽分享，結果只得到一句：「這麼愛錢，以後看誰敢娶妳？」咪醬說，她的家人常習慣性用否定句回應她的成就：「不要笑地那麼放肆，別人會討厭妳」、「為這點事兒就開心，能成什麼大器？」、「妳就只是會耍點小聰明而已」、「長得漂亮就夠了啦，太厲害男人會怕！」

這些話語不但讓咪醬在經營事業過程中充滿矛盾，也讓她在愛情中無法信任對方，每段感情談不到一年就草草結束，總是擔心被對方看破手腳，看破在這個皮囊底下，一無是處的自己。

這個「公司到底要賣不賣」只是咪醬最淺層的議題，其實賣與不賣都很好，重點在於我們是否把做決定的權力，拱手讓給了恐懼感。

當咪醬瞭解，長久以來她內化了「我配不上成功與幸福」的信念，重新開始客觀地審視自己、接納自己的所有面向，就能逐漸解開冒牌者的團團死結，張開雙臂去享受生命裡的每一刻！

雖然「完美」令人屏息，但「完整」讓人得以深呼吸

綜合 Nancy Zumoff 和我的觀察，整理出冒牌者症候群幾個特點，邀請你也一同檢視有沒有符合的部分：

1. 永遠覺得自己不夠好。
2. 工作過度努力（「過度」的判斷基準就是工作過程你其實不快樂），甚至

放假時也難以好好休息，害怕停下來就再也跟不上了。

3. 當被誇獎時，即使有客觀事實（例如考試分數、工作績效）依然覺得羞愧，無法收下讚美。

4. 就算試著在心裡肯定自己，也會聽到另一個聲音開始詆毀自己。

5. 跟別人相處時會緊張，時刻思量對方對自己的看法，或害怕被看穿自己其實不怎麼樣。

6. 當我獲得高成就時，我會傾向認為這是誰都可以做到的，並不是特別難以達成的事。

7. 害怕身邊的人（尤其是重要他人）會發現，自己沒有他想得那麼好。

這些想法有一個共通點，那就是認定「不完美的我不會被他人接納」，因而感到恐懼、焦慮，沒有一刻能純然享受成功與幸福，不斷擔憂著下次如果失敗了怎麼辦？幸福如果消失了怎麼辦？

但那些「他人的不接納」其實是我們的想像，真正不接納我們的是我們自己，我們以為要得到「別人喜歡我」的證據，才代表我值得喜歡，但對自己的接納是無條件的，如同大地之母般，對所有生命一視同仁。

就算我們真的遭遇到他人的攻擊、取笑與指責，那多半也是對方內在的陰影魔獸被引發，與我們無關。當你能意識到，每個人都有自己要對付的魔獸，你就能明白，要從別人那裡獲得穩定而清明的接納，幾乎是不可能；**他有他的狀態，你有你的功課，我們既需要彼此，又不能全依賴彼此，人就是在這麼矛盾的關係中，練習先自己接住自己**。

所以，不要等到別人接納你了才接納自己，可愛的冒牌者，其實你我一點都不冒牌，我們就只能做這個原汁原味的自己，不想當正貨也不行呢！

冒牌症不是病，反而是「自我接納」對我們的呼喚，我們都渴望回到完整的自己，但又太害怕接納了會怎麼樣？會不會失敗？會不會不完美？**請鬆一鬆你的肩膀，別再那麼用力追求完美，雖然完美令人屏息，但完整讓人深呼吸**。

2.7

什麼是真正的「愛自己」？

我發現，跟我討論要如何「愛自己」的人們，幾乎都是因為失戀，因為不被愛了，硬生生地從兩個人的融合體中切割出來，所以「被迫」開始學習怎麼愛自己，在我看來真是個多麼痛的領悟（音樂下）。

「可是到底要怎麼愛自己？很多書叫我去做讓自己快樂的事，但我沒有他以後，怎樣都快樂不起來。」

琳琳告訴我，在她失戀的這幾個月，她吃遍所有想吃的美食，買了非常多漂亮的衣服，又去運動塑身，試圖變成前男友看到會後悔的女神，但她的內心仍是一個無止盡的黑洞，任何美好的事物丟進去，連咚一聲也沒有。

其實，愛自己是一種「心境」，當你心在此境，做任何事、處於任何狀態都是愛，當心不在此境，任何行為、物質、戀人都填不滿。在我的經驗裡，愛自己的心境，會有三個境界：

第一，純然觀察（放掉評價）的境界。

第二，身心平衡的境界。

第三，照顧自己等於照顧了全宇宙的境界。

這三個境界通通都跟「自我接納」脫離不了干係，協助我們在乾涸的靈魂裡注入清涼的活水。

境界一：純然觀察（放掉評價）

你應該不會否認，這是一個充斥評價的世界，從第一次拿到成績單開始，甚至更早，我們就學會用各種標準為自己打分數，也為別人打分數，在高高低低的分數中，漸漸失去了看見真實的能力。

請你拿面鏡子，看著鏡中的眼睛，只是專注地去看它的形狀、顏色，此時，如果有聲音跑出來：「真小」、「真無神」、「真可悲」，請對這些聲音說：「嗨，我聽見你在評價，現在我要練習觀察，掰掰。」

客觀地審視自己的所有樣貌，放開慣性的評價，只是純然地看見自己。去觀察自己的每個身體部位，肩膀、胸口、腹部、大腿……聽見那些你已經不是第一次聽見的評價，堅定地告訴它你在練習觀察（歡迎到第三章進行「身體接納練習」）。每個情緒出現，也都觀察著它，它是怎麼出現的？出現了又要告訴我什麼？試著問問它；也試著去看見世事的本質、他人的核心狀態，而非表象。

我知道你不習慣自言自語，你害怕會變成一個瘋子，別怕，我們每個人都是瘋子，只是大家很用力地假裝自己不是。迎接你瘋狂中的創意，還有那股活力，也許正是你現在需要的，擁抱它，它是完全屬於你的，你的眼睛、你的身體、你的情緒、你的瘋狂，都是你的。

純然觀察可以加入觸碰，我會花幾分鐘觸碰自己的手臂，或單純放在胸口深呼吸，感受空氣吸進肺部跟呼出鼻孔，帶有「正念」（mindfulness）的禪意，不偏不倚地觀察自己、觀察世界，慢慢讓腦中的「評價者」讓位，賦予「觀察者」一席之地，這時候，愛就有發芽的縫隙。

境界二：身心平衡

身心平衡的定義是，你的身體、腦袋、情緒甚至靈魂，沒有哪部分在勉強另一部分，沒有誰在逃避誰，整個人達到一個完整、和諧的狀態，當你在這個狀態裡時，就正在進行所謂的「紓壓」。

太多人誤解了紓壓的意思，以為暴飲暴食是紓壓、睡到飽是紓壓、狂買衣服是紓壓，但讓我們再仔細想想，當你猛吃狂喝時，你是感覺到飽，就停止進食；還是當你停止進食時其實已經胃脹欲裂、連站起來都很吃力了呢？

若是後者，則代表我們已經無意識地讓「情緒」勉強「身體」吃下過量的食物，也許情緒一時感到爽快，但隨著身體的負荷變大，反而使壓力增加，如此不僅無法「紓壓」，反而使身心陷入一次又一次的惡性循環。

其實根本無需去特意做什麼讓自己紓壓，或是特意地「追求」快樂，**快樂僅是愛自己的副產品，就像我在感情主題中，常說無需去「追求」任何人一樣。**

當你做的每件事，都在「身心平衡」的覺察中，那我可以說，你在發呆也是愛自己、你在大哭也是愛自己、你在耍廢也是愛自己，沒有勉強、沒有逃避。

境界三：照顧自己等於照顧了全世界

很多人不敢照顧自己，生怕被當成「自私」的人，甚至我看過有人拿失眠、生病來「說嘴」，試圖向世界證明他有多努力。對，我們好努力，但那又怎樣呢？我們以為努力就是對這個世界好，但其實當我們失眠、生病、身心不平衡時，我們會做出更多浪費的行為，對周圍的人產生更多暴戾之氣，落入更多難以自拔的惡性循環中。

就像飛機起飛前的安全示範片，它告訴我們，若飛機遇到緊急狀況，氧氣罩會自動落下，請先協助自己配戴，再去幫身邊的孩子配戴。「為什麼不幫孩子先配戴？他們比較需要幫助呀？」請你試想，如果先幫孩子配戴，你卻出了事情，這個孩子該怎麼憑一己之力生存下去呢？

我知道，你可能會有「罪惡感」，尤其在面對父母的要求、面對孩子的弱小時，你總是毫不猶豫地選擇照顧他們，但當我們一旦垮下，還有誰能照顧他們？

曾經，我不知道從哪聽到這句「**照顧自己，等於照顧了全宇宙**」從此這句話就這樣深深烙進我的心坎裡，成為多年來伴隨我的心錨，讓我在生命的驚濤駭浪中仍能穩住自己，我也想將這個錨送給你。

當「我的狀態」是舒服的，沒有委屈與勉強，我就能傳遞更好的能量給身邊的人；當我對自己是了解的，我就能分辨哪些評價該收下，哪些該還給對方；當我對自己是負責的，我就能知道何時要照顧自己，何時有力量照顧別人；當我對自己是接納的，我就能享受自我的呵護，以及接受那些對他人力有未殆的時刻。

而什麼叫照顧自己？問問你的身體、敲敲你的心吧，問它們：「**如果現在，去做一件事能讓你覺得受到照顧，那會是什麼？**」寫到這裡的我，答案是沖個澡，再去吃頓充滿蔬菜的晚餐。你呢？

你的答案是什麼？順著你的當下讓這個答案浮現，也許是找個朋友說說話、在安靜的空間裡待一下、去公園走一走、開啟舒心的音樂頻道、看一則笑話、用一部感人的電影讓自己流淚、嗅嗅麵包店的氣味、好好把生氣的心情寫下來……你擁有無限多個選項，請相信你內在的智慧，它曉得，此時此刻，你最需要的是哪一種。

其實，愛自己沒有所謂的標準答案，就像世事幾乎沒有單一真理一樣，貴在我們是否有去尋找屬於自己的答案，其他人的說法只能僅供參考，包括我的。

以上三種心境，僅是我在打磨人生、跌撞日常中的體會。當你發現你還是不愛你自己，那也OK，因為這是內心的那位「評價者」說的，請持續觀察這樣的自己（偶爾也會出現喜愛自己的自己呦，別漏掉啦），持續做身心平衡的事，持續照顧自己。

你會發現，原來，**你就是愛本身，你也已擁有所有你需要的愛**。

2.8

修煉主題：「接納抗拒」才能往目標邁進

人為什麼要那麼努力？其實這與我們內在的「抗拒」有關，意志力想把你拉向所謂「更好的自己」，抗拒力想捍衛「原本的自己」，兩造拔河的結果，就是雙雙跌坐在地，哪兒也去不成。

本章的最後一節就讓我們來認識「抗拒」吧！它一定有很重要的理由，請認真地對待、聆聽，別忽略它，或認為它只是來拖累你。透過一次次的練習，有智慧地選擇你該使力的目標，放掉多餘的控制欲，讓生命自動顯現到你面前。

以下的練習分為兩個部分，請按照順序先做「接納抗拒」練習，再做「目標設定」練習，目的是先釐清「自己的抗拒何來？」、「這個目標真的是我想要的嗎？」再去實踐目標，終止新年新希望的無望循環，開啟你心之所向的旅程。

練習一

接納抗拒練習

請在安靜、私人、不受打擾的空間裡做這個練習，找個舒適的位置坐好，閉上眼睛，做三次深深的呼吸，讓氧氣充分的舒緩肺部，並於吐氣時卸下焦慮，然後在心裡對內在承諾：「我不會逼你做任何你不想要的事」，讓潛意識安心，然後一題一題慢慢作答。

步驟1

請想一個你很想達成、卻尚未做到的心願，例如減肥、賺到某個金額、換工作、達到業績、考試高分、培養某種才能、交往或結婚、戒菸等等……把這個心願寫下來：

步驟 2

是什麼讓我想達成這個心願？

步驟 3

達成這個心願後我可以獲得什麼？（或變成怎樣？）

步驟 4

是什麼讓我尚未達成這個心願？

步驟 5

承上題，想到這些原因時，你的身體哪個部位有感覺？（請記住這就是你的「抗拒」訊號）

步驟 6

將手放在這個有感覺的身體部位，閉上眼睛，跟「抗拒」說說話：「我感覺到你了，請問你想告訴我什麼呢？」請耐心等待一段時間，如果有浮現答案，請記錄下來。

步驟 7

無論上題中，「抗拒」有沒有浮現答案，那都很好，你只需在往後日子裡，當「抗拒」感再次出現於第五題的身體部位時，即刻詢問它，也許你會聽到意想不到的信息。最後，邀請你雙手放在心口，對「抗拒」說：「**謝謝你的出現，我們在每一個當下，都有自由選擇做最渴望的事。**」

當然，你可能會抗議：「怎麼可能每一個當下都自由，我的生活充滿了身不由己！」的確，也許你正在厭煩無趣的工作中、或貧苦困頓的經濟狀態中掙扎。但我們可以從下班後、一些自由的零碎時間做起，有意識地在這些時刻，隨著感受，於當下所有可行的選項當中，選擇你最渴望的那一件事來做（務必是可以做到的，並非任性妄為）。

這樣的好處是保持身心平衡的高能量狀態，減少委屈勉強的低能量狀態，久而久之，能帶給你熱情的目標將會浮現。

請用開放、好奇的心情，丟掉預設立場跟既定答案，純然傾聽「抗拒」的聲音，畢竟它每次出現都這麼用力地大聲嘶吼著，卻經常被我們壓制，是時候還它一點公道了。

聽清楚後，無論你決定放棄原有目標，或決定繼續朝這個目標邁進，那都是帶著意識覺察後的結果，幫助我們確認方向。而此練習的副產品，大概就是讓「抗拒」自然而然地舒緩下來，不需要再那麼用力地干擾我們的生活了。

練習二

目標設定練習

上一個練習，如果你感覺已釐清抗拒點、確認這個心願是你要的，就可以接著進行目標設定，但如果你因為上個練習發現這個心願並非你真心嚮往，也歡迎你使用此練習找到更符合你內在渴望的目標。

這個練習是我在ＮＬＰ[9]執行師訓練中最喜歡、也最震驚其效果的實驗，多次幫助我在立定目標前確認方向、調整心態、與焦慮和解，當然，它順利地讓我達成（好幾個）重大的心願，希望也對你有效！

這個練習共有十三個步驟，建議你先寫在另外準備的紙上，因為有可能寫到後面會發現你的目標需要修改，而修改可是一件好事！

代表你正透過設定歷程與內在渴望校對，所以別擔心塗塗改改，待確認定稿時再寫入格線內，當心願達成後也請記得回頭來看看你寫的，相信你會和我一樣，充滿難以言喻的感動。

步驟 1

你的大名是？

步驟 2

你的目標是什麼？（請具體描述你希望達成的時間、狀態等。請注意，目標的大小需適中，並與自己切身相關，而非改變他人）

9 Neuro-linguistic programming，神經語言程式學。是一套增進人際溝通、促使行為改變的心理技術。認為人類能透過語言、五感知覺（視聽觸味嗅）及行動的調整，改變過去創傷或限制性思維的影響，發揮創意，開啟新的可能性。

步驟 3

你如何知道，你已經達到所想要的目標了？（想像已成功時的感官證據，例如：看到榜單、聽到歡呼、感覺到心跳加速……）

你會看到什麼？

你會聽到什麼？

你會聞到什麼？

你會感覺到什麼？

步驟 4

你希望在何時、何地、與何人一起完成，或分享這個結果？（把這個情境具體地想像、描繪出來。）

步驟 5

你所希望得到的結果，將會對你的生活產生哪些影響與改變？

步驟 6

為什麼目前還未獲得希望得到的結果呢？（如果「抗拒」聲音很大，請回到上一個練習。）

步驟7

要達到想要的結果，你需要具備哪些資源？（人、事、時、地、物、心態等）哪些是你已經擁有了？

步驟8

要達到想要的結果，第一步可以做什麼？（第一步可以非常微小，只要跟你的目標有關，任何事都能是第一步，例如，我當時希望能在三年內從研究所畢業、考上心理師執照，因此第一步我寫的是「租一間能專心讀書的好房子」。）

步驟 9

你願意做哪些行動，以達到所要的結果？（對自己承諾，但請注意有無強烈的抗拒。如有抗拒表示這些行動不符合你的狀態，或是你的目標有問題，請自由修改前面的答案，直到你的行動可以使你感覺興致勃勃。）

步驟 10

你所設定的目標，及達到後的生活，與你的價值觀是否相配合？（請寫下你人生中最核心的信念與價值觀，並檢視跟這個目標是否一致。）

步驟 11

達到這項結果，對你有何意義？（你的動力來源，請描述這個目標對你的重要性。）

步驟 12

為了達到這項結果，你願意戒除哪些事情、排除哪些阻礙？（也許是習慣、生活模式、癮頭、負擔的人際關係等）

步驟 13

你會不會因為達成這麼目標失去什麼？或遇到新的問題？能解決嗎？（請想像生活改變後可能會遭逢哪些困境，能解決的話方法是什麼、不能解決的話你能接受嗎？如果無法接受，也請持續回過頭修正你的目標。）

十三個題目皆完成後，請從頭到尾讀一遍，唸出聲音，持續感受內在的「抗拒」有無在任何時刻現身，若有，就請不厭其煩地修改內容，直到抗拒的感覺平靜下來。

偷偷加碼告訴你，我還會把目標的進程畫成六格漫畫，例如當時「我要三年內研究所畢業，並考取心理師執照」的心願，第一格：畫出適合專心讀書的房子；第二格：我在專心讀書的樣子；第三格：我在電腦前寫論文的樣子；第四格：我穿著畢業服的樣子；第五格：準備心理師考試的樣子；第六格：看到心理師榜單上有我的名字的畫面。

這個漫畫能將模糊遙遠的目標具象化、把大目標拆解成小目標，幫助我們對這趟未知的旅程有更清晰的想像；因為，**人類只能達成自己想像力所及的目標**，想像的過程，也能 double check 內在是否真心嚮往，並且強化目標實現時的感官感受，讓人忍不住想立刻捲起衣袖、著手開始。

祝福你，美夢成真！

第三章

活出你的原廠設定

雖然羨慕是人之常情，但這個感受也在提醒著我們，
還沒好好探索自己的特質、理解自己的使命，還在走別人的路。

「活出你的原廠設定」是我 Facebook 粉絲頁的主標題，許多人好奇地問，到底什麼是原廠設定？用簡單一句話解釋，**原廠設定就是我們「與生俱來的特質、愛好與天賦」**。

我打個比方，假如這世界上，每個人都是一支「自有品牌」手機，沒有任何一個品牌是重複的，我就叫「蘇予昕牌」，你就叫「＿＿＿牌」，我們的功能有其共通的地方，都有螢幕、按鍵，都可以打電話、傳訊息，但造型與優勢卻各不相同，有的方、有的圓、有的主打拍照畫素、有的主打事務處理、有的主打電池耐力……

芸芸眾生中，我們既相似、又獨特，這也讓很多人的內心時常感到混淆，「我到底是要追趕著大眾崇尚的價值？還是按照我本身的設定運行呢？」

這兩個命題並非絕對互斥，大眾崇尚的所謂「主流」價值，有時也符合我們的原廠設定，就像你下載一個ＡＰＰ，或裝個花俏的外殼，對你的主體大致上來說皆無傷大雅。

但有些手機，卻會不斷地認為別人的主體更好、別人的軟體更讚，就硬是重灌自己，強迫下載一些與自己不相容的ＡＰＰ，最終的結果，要不就是使用起來卡卡的，要不就整台當機。

這就是拿手機來做的譬喻，每個人的原廠設定，都有優點、也有限制（其實優點與限制也並非那麼簡單的二分法），我們可以將優點發展至卓越，將限制視為個人特色，順流活出自己真實的樣貌；但更常見的，是許多人窮極一生想改造限制，卻忽視那一大塊肥沃的土壤，等著你去播種、發芽、茁壯。

「我已經活在別人的設定裡太久，都不知道原廠設定長怎樣了，怎麼辦？」放心，原廠設定之所以叫原廠設定，代表它從未離開你，它僅是被環境制約了一陣子，只要我們願意往裡頭一探究竟，並在生活中進行一些「實驗」，就能將它喚醒。

就像回到孩童時期，整個世界都將會是你的實驗室，過程中，請仔細聆聽情緒的聲音、回應直覺的呼喚，將帶有焦慮、恐懼的「植入程式」消除，漸漸地，這些不適合的設定會褪去，讓我們不再綁手綁腳地過日子，開始朝自己所愛的人生啟程。

3.1 為什麼我們不敢活成我自己？

天底下，大概只有人類這個物種，會討厭自己，或渴望變成「別人」（你應該無法想像，一隻貓拿著另一隻貓的照片，對醫生說：「請幫我整成牠的眼睛，謝謝」）。

「別人」的外貌、家世、地位、名聲、收入……通通是我們欽羨的目標，甚至我們誤以為，之所以活得這麼痛苦，都是因為缺少「別人」擁有的東西，而擁有那些東西的「別人」，一定比我們更幸福快樂。

我理解，**羨慕是人之常情，但羨慕也在提醒著我們，還沒好好去探索自己的特質、理解自己的使命，還在走別人的路**。

接下來我想說幾個故事，來讓你更理解「原廠設定」的概念，也歡迎你一邊讀、一邊反思，你有沒有成為任何「不是自己」的樣子？

必須「外向」？

剛成為金融業業務的阿翰，正向我傾訴目前這份工作為他帶來強烈的擔憂、煩惱，他告訴我：「我的個性太內向了，所以一直沒什麼朋友、面試不順、感情也沒下落，接下來還要去面對這麼多的客戶，每天都要和人講話，我根本死定了……心理師，你有沒有辦法可以讓我『變得』外向一點啊？」我知道，阿翰多希望我有支仙女棒，能讓他搖身一變，變成他羨慕的那種「業務天王」。

「聽起來你覺得『內向』是一件糟糕的事？」我問。

阿翰說：「當然糟糕啊！我媽從小就常常罵我『你要大方一點！這樣扭扭捏捏的多難看！』所以我一直很努力讓自己外向、活潑一些，只是，真的好累喔……」。

由此可猜，對阿翰而言，展現「外向」的一面得非常用力，而他的「內向」是不被家人接納的。

思索了一會兒，我接著說：「似乎不是你的『內向』讓你交友、工作、感情不順，而是你『如何看待內向』讓你有這些不順耶！」阿翰困惑地看著我，感覺不太理解。我說：「不然，我們來想像一下你所謂『外向的業務』長什麼樣子吧！」

外向的業務通常都有舌燦蓮花、不怕被拒、努力不懈的勇氣，但我們在街頭上也經常看到，他們在炙熱大太陽底下不斷攀談過路的人，最後即使推銷成功，客戶也多為半推半就，買得心不甘情不願，在這種情況下，外向的業務可能就要花更多的時間開發新客戶，重複這個主動說服的歷程。

但內向者通常有一個獨特的優勢，叫做「傾聽別人比自己開口更感到舒服」，若能善加發揮，專注地去傾聽與關心在你對面的這個人，不急著去想到底我要接什麼話才對，就更有可能抓住客戶最核心的需求，展現自己無可取代的吸引力。

阿翰若有所思的說：「我好像懂了些什麼，也許，我不一定要成為掌握發言權的人，也可以。」

過了數月，阿翰又來找我，他說：「好妙喔~自從我開始好好當個『內向的業務』，後續還真的是神展開耶！前陣子遇到一位王太太，我只是問他『以前你的投資經驗是如何呢？』他就霹哩啪拉狂譙過去那些理專把他的退休金都快賠光，他再也不要相信我們這些業務了……」

「雖然一開始我覺得應該沒什麼希望了，但我還是認為應該先幫他好好規劃剩下的退休金，因此我幫她做了一份低風險的投資規劃書，結果妳猜怎麼樣？現在王太太整個家族的人，都來我這邊投資耶！她還說，她覺得我是個實在、不浮誇的好業務。原來……『內向』還挺不賴的嘛！」

看著阿翰閃閃發亮的眼神，我不僅為阿翰事業上的成功開心，更為阿翰開始接納、喜歡自己的「原廠設定」而感動，一旦有了這個接納與喜歡，我們就有能量去盡情發揮，並且用自己的樣子，活出我們所熱愛的每一天！

必須保持「正能量」？

欣潔滑開手機，給我看他今天在臉書上PO出的一段文字：「和老公出遊，享受這幸福的時刻」配上一張兩人在陽光中對視而笑的照片，下方盡是臉友的按讚與留言「好閃！我的墨鏡呢？」、「真是太恩愛了，令人羨慕！」

收起手機，欣潔卻聳了聳肩、看著地板，難以啟齒地說：「我不知道為什麼我要PO這樣的文……其實，我老公外遇了，他不曉得我已經知道了，我現在在考慮的是，到底要繼續裝傻下去，還是跟他講清楚……」更驚人的是，欣潔知道自己的先生外遇已經一年多了。

「哇……你怎麼憋得住呀！」我真難想像這陣子的忍耐讓他過得多辛苦。欣潔說，在很多不順、挫折的一天過後，她特別容易發「正向」貼文；像是和朋友的聚會明明超級無聊，當晚卻PO出：「跟我最愛的姐妹們總能歡笑一整晚！」或者，內心明明對工作充滿憤恨，卻PO出：「何其有幸能在這個團隊和大家共事，I love my job！」彷彿在昭告世界，也同時催眠自己：「我很好！我很棒！」

可是越是這樣，欣潔越難去面對那些不怎麼棒的狀態，只能放著、拖著、埋著，不去想也不去看，直到丈夫外遇這事讓她發現自己長久以來的矛盾，到底為什麼要活得那麼正能量？

欣潔回想起，十二歲的某一天，在學校被幾個同學推倒在地，又是嘲弄又是拉扯；最後，欣潔帶著滿臉的淚水和髒亂的身軀回到家中。當時正好是晚餐時刻，媽媽看見欣潔狼狽的模樣，第一個反應竟是去確認爸爸的眼神有沒有不悅，接著就把欣潔倏地拉進浴室，要她以最快的速度打理好自己、出來吃飯。

「沒有人問我發生什麼事，關心我好不好……他們只在意我看起來如何，有沒有給他們添麻煩」欣潔哭得我鼻頭發酸。

據她表示，她的父母也活得非常表面，在家裡從來不談「負面」事件，甚至也不太聊天。如果欣潔說出自己的挫折、委屈，她的父母會請她檢討自己，有任何「負面」情緒，會被爸爸制止；爸爸認為懦弱的人才會糾結，成功的人要永遠「看向陽光」。

就欣潔的觀察，媽媽也經常悶悶不樂，但如果去問媽媽怎麼了，媽媽只會笑著告訴欣潔：「沒事，我很好呀！」這時，欣潔突然停頓下來，她說：「我好像也常常對我先生說，我沒事，我很好……他就會有點不高興地走開。」

很少人知道，**坦承脆弱**、**悲傷**、**失落**，**是深化人際關係的關鍵時刻**，如果彼此之間是親密、信任的，你告訴對方自己並不好，會激發人類的「利他」渴望，在陪伴你之後，對方也能感受到一股溫暖和意義感，如果一味地說「我很好」，會不自覺地將別人推得更遠。

像欣潔這樣，報喜不報憂、在社群上偽裝自己的習慣，只會讓我們越來越孤獨，也更難去接納「偶爾會不太好」的自己。

無論是正能量還是負能量，都僅是當下狀態的映射，而**能量應該是流動的，停滯在某一個點、堅持只有一種狀態都絕非自然**，重點是我們有沒有誠實地面對自己、溫柔地承接自己，並作出相應的表達，讓身旁的人有機會理解我們、靠近我們。

辛苦的你，請讓我送你一句“It's okay not to be okay”

必須「討好」？

美國心理學家、溝通大師薩提爾（Virginia Satir）在他著名的「溝通姿態」（Communication stances）理論[1]中說道，約有五〇％的人為「討好型」（Placating style），這類型的人最在乎的就是別人的感受、別人對自己的評價，所以討好者通常很會察言觀色，敏覺別人的需求，但對自己的需求卻總是排到最後，很擔心拒絕了他人，就沒有被愛的價值了。

根據我個人觀察，在東方集體主義陶冶下的我們，討好者可能不止五〇％，也許七、八成都是討好型也說不定。比起西方，我們更常被教導「要合群」勝過「要表達自己的意見」，甚至當我們說出自己看法時，會被「囡仔人有耳無嘴」一句話駁回，學習順從、看人眼色、要笑著喊阿姨叔叔……幾乎是每個孩子的童年寫照。

「討好」說到底它就只是個外顯行為，當你今天遇到一個難搞的客戶，高高在上、習慣對人頤指氣使，你先討好他，等他滿意、心情好了再進行銷售；或當你遇到個凶狠的角色，先順著他的毛摸，看狀況再開溜，這些情境下的討好可一點問題也沒有。

唯有你在「被迫」討好他人一整天後，帶著滿腹委屈回家，怨恨自己為什麼只能待在這樣的環境，但隔天又慣性地戴上好好先生、好好小姐的面具，繼續笑臉迎人、做牛做馬，此時，討好才會是個大問題。

---

1 薩提爾認為人類在面對溝通衝突時，會有五種常見姿態，分別是指責型、討好型、超理智型、打岔型與一致型。

千萬別忘了，身邊的人大多都是我們「訓練」出來的，你是把他們訓練地更尊重我們的界線，還是訓練地更享受我們的方便，結局大不同。

我曾有一個工作狂老闆，經常半夜打電話、傳訊息要我立馬解決他的問題，但晚上十點就要休息的我，卻時常無法滿足他這樣的工作需求。一開始這位老闆很火大，認為我不適任、不努力，而這樣緊張的工作狀態，也使得我們彼此都很疲憊與不滿。

後來我試著用溫和而堅定地語氣向他說明：「我感受到您想盡快處理的焦慮感，但如果我能在隔天一早進行，反而是精力、判斷力最佳的時刻，我相信這樣的狀態能讓效果更好，也會是您期待的結果。」

堅持了一陣子之後（當然，這過程得穩穩地撐過對方的不滿，也要說到做到，讓對方看見你的成績），這位老闆竟然還主動幫我向同事宣傳：「大家晚上十點之後不要打擾予昕，她都很早休息！」

所以，切勿忽略我們在關係中投入的「訓練」，一個被縱容的孩子，長大後不理父母是很常見的；一個難以拒絕請求的人，旁人得寸進尺更是家常便飯。

最近，諮商了多位受到職場暴力的個案，幾乎每個人都是典型的討好者，工作認真負責，經常（甚至過度地）自我反省，在上司對自己肢體、言語、心理暴力，甚至性騷擾後，還在心中懷疑：「是不是我做得不夠好，老闆才這樣對我？」、「是不是我想太多了？也許他真的是在開玩笑……」、「是不是我真的放出什麼錯誤訊息，讓他誤會？」討好者不知不覺在身邊「訓練」出一群軟土深掘的人，若哪天忍無可忍地爆發，還可能會被酸：「你今天是吃錯藥喔？」

我猜，我們的內心都有道傷痕，以為如果不努力為別人多做點什麼，就不配得到尊重與愛（甚至更實際的工作與薪水），總是努力戴上笑臉面具，忽視內在那瑟縮的、怒喊著的自己。

試著去傾聽你的委屈吧！它肯定知道你要什麼。

接納自己的需求，絕非自私，因為在人際修羅場裡，沒有界線就沒有真正的關係，只剩互相利用。從今天起，讓對方欣賞真實的你，而非「方便」的你！

必須「美麗」？

偷偷向你承認，我也超喜歡那些感覺美麗的時刻：剛化好的精緻妝容、一件合適的連身裙，或看著練完瑜伽的肌肉線條，都會讓我「自戀」地望鏡興嘆：「哎呦喂呀，老娘今天真美！」

但明明讓自己感覺美麗是件開心事兒，卻也經常使我們落入痛苦深淵，時不時就會看見誰又因添購行頭刷爆信用卡，或誰又因過度整形而導致傷殘、死亡的新聞。

雖然，我身為一位心理師，成天鼓吹大家向內探索，但我卻從來不曾對任何人說：「外表不重要，內在才重要」。因為，無論外表或內在，都是「自我」的一部分。蓬頭垢面的人，對內在的身心健康大概也無暇照顧，所以重視外表也等同於在乎自我，但用哪種心態重視，就是門學問了。

先和各位分辨下列兩種聽起來類似，實際上卻天差地別的心態，一是「活出自己的美」心態，另一端則是「遮醜」心態。

前者，像是找尋一件適合自己風格、身形、個性的衣服，目的是讓穿著這個衣服的自己最自在、最內外一致。

後者，像是找一件最貴、最流行、最華麗的斗篷，把自己包裹起來，最好都不要看見裡頭是什麼，外面這層才能代表我的價值。

「活出自己的美」心態者較能放鬆，即便不符合主流審美，在收到負面評價、別人要我們改一改時，仍可以泰然處之，並且會去找欣賞自己的夥伴相處。

「遮醜」的人感受則強烈多了，或許我們會花過多的時間鑽研，大眾喜歡什麼樣的風格？戀愛對象喜歡哪種打扮？最火紅的明星五官身材如何？然後再拚命地，把自己「變成那樣」，而我們也會對於他人的眼光超級敏感，一旦今天妝容造型哪裡不對勁，就只想馬上衝回家（曾經的我也是如此），那些難聽的批判與嘲笑雖然污辱人，卻仍忍不住吞下，焦慮地思索該怎麼做才能讓這些負評轉正。

不知道你是否也有感覺，這世界已開始對「美」的定義有了鬆動，從全球各地的大明星、YouTuber、廣告商都以各種形式來宣告：「美，不只一種」希望能激勵我們去活出自己的美，而非成為某種美的複製品。

美國藍調歌手艾莉西亞．凱斯（Alicia Keys）率先以素顏之姿拍攝專輯封面、上節目，她開始學著擁抱一路以來民眾對自己外貌的攻擊，開始感到自在，以及真正堅定的自信。

韓國部落客裴恩貞（Lina Bae），平時以拍攝美妝教學影片為主，但卻經常收到極為惡意的留言，例如：「這也算是女人的膚質嗎？」、「要是我長這樣我一定自殺」、「豬在化妝」。因此，他拍攝一部名為《我不漂亮》的短片，從素顏、全妝再卸妝，釋放了自己的恐懼，激勵了七百萬曾和他一樣，害怕沒化妝就被批為「不是女人」的閱聽者。

知名電影《暮光之城》（Twighlight）女主角克莉絲汀．史都華（Kristen Stewart）不願配合女星走紅毯一定要穿高跟鞋的潛規則[2]，在紅毯上脫下高跟鞋、赤腳前行。

這些「活出自己的美」運動中，最著名的就屬於多芬二〇一八年的形象廣告，經他們調查，發現全球僅有四％女性認為自己很美，表示可能有九六％的女性都長期處於於外貌焦慮中。

因此，他們找來五位擁有不同風格的素人拍攝巨型看板，並讓他們敘說因外表引發的人際經驗，而從這些素人豐腴的身形、突出的虎牙、不符合性別刻板氣質的打扮中，卻讓觀眾找到了自己，那些我們都有的、非主流的一部分，而那些部分，卻恰恰標誌了「我是誰」。

不管你決定化不化妝、整不整形、健不健身、穿不穿高跟鞋，那都很好，只要持續回到內在向自己確認，這個決定，並非出自害怕被別人排斥，而是源於對自己的熱愛與接納。相信我，當你認真的向內心詢問，你就會知道答案。

2 坎城影展曾四度拒絕一位左腳大拇指截肢的丹麥女性製片穿平底鞋走紅毯，引發軒然大波。

3.2

你無須變成「更好的版本」，你只需要「完整」

我們都希望，能透過某些行動讓自己升級、成為更好的版本。但是，如果我們在不夠完整的狀態下貿然進行改變，你絕對會遇到各種當機、卡關、自我懷疑，更嚴重地，你會乾脆擺爛，覺得根本不可能更好，進入自暴自棄模式。

所以這個章節，要來和你說明「完整的自己」是什麼「感受」。**是的，完整是一種感受，更是一種恢復到原廠設定的天然狀態**，不是一個可以量化、訂出分數的標準值，在這個過度吹捧理性、摒棄感受的世代，也許對你來說不是那麼容易「理解」，而這正是要你拋開大腦的理解呀！去體察身體、直覺、情緒的波動到底在對你表達什麼。

以下是我與個案、觀眾、粉絲互動後所整理出的資料，來說明到底趨於「完整」會有哪些感受。

但我必須再次提醒，每個人的個別差異可能會讓你們的感受有所不同，故在本節最後也會提供一些題目，邀請你們找出屬於自己的「完整」感受。

當你對自己的任何情緒、狀態、境遇都越來越平常心

不知你是否也這樣想過：為什麼生命老是要帶來一些意料之外的劇情、一些悲催的遭遇、一些可惡的人到我身上，難道不能讓我順順利利、快快樂樂地過日子就好嗎？

然而事實是，如果沒有經歷這些顛簸的路段，我們可能永遠不會知道「完整」是什麼，沒有這些人事物境引發內心的波瀾，我們可能會過上看似平順，但內心卻混沌空虛、行屍走肉般地餘生。這就是為何有人會告訴你：「越早遇到挫折越幸運」，原因就是你有更多的精力和彈性去重新成為自己。

唯有顛簸、不順心的出現，才能強烈引發我們情緒上的痛苦，而也唯有情緒上的痛苦，才能敦促我們去認識自己，詰問自己最至關重要的提問：「我到底是誰？」

直到某一刻，你可能會拍著腦門頓悟：啊！原來如此，原來宇宙把它們帶到我面前，是為了這個，然後內心湧上一股滿足、平靜、腳踏實地、真切活著的感受，這也就是「完整」帶來的感覺。

也許以上的描述很抽象，但我相信你們當中的某些人一定有過類似的體驗：在走過人生低潮好一陣子之後，才突然懂了，那場悲劇、那樁痛苦的事件，為何會發生在我身上，又帶來了什麼樣的養分，讓我成為我。

所以簡單來說，**當你發現自己開始對以往遇到可能會暴跳如雷、心有不甘和逃避不願面對的情境，漸漸地釋懷、淡定以對**，甚至能以「第三人稱」的角度去看見自己的狀態，或你能把時間軸拉長去觀想：一年後、三年後、十年後……我還會在乎此刻的事嗎？這些現象的出現，**就代表你更趨於「完整」了**。

「自我內言」的用詞越來越包容慈愛，自責減少了

你知道自己一天在心中的碎碎念、自言自語大概多少句嗎？答案是七千到一

萬句，這個數字可能讓你驚訝「咦~我有這麼多話嗎？」其實，在你閱讀這本書的過程，就已不知在內心說過多少「喔~原來如此！」、「天啊，這根本就在說我嘛！」等「自我內言」（Self-verbalization）。

自我內言的概念是來自加拿大心理學家麥欣保（D.H. Meichenbaum），意指我們在內心說的心裡話，或是那些四下無人時的自言自語，其實我們與內心的對話擁有相當重要的功能，它可以是一種提醒、一種鼓勵、一種宣洩、一種撫慰，也可以是促進思考歷程、解決問題的最佳幫手（像我算數學的時候都不自覺地把數字念出來）。

但大多人在進行自我內言時都處於無意識狀態，將過去的經驗、習慣用語在內心不斷重複，例如一個經常遭受否定的孩子，長大後也會在心中時刻否定自己：「我真差勁，什麼都做不好」、「完蛋了，又失敗了，我註定是個輸家」、「這輩子大概不會有人愛我了」等等。

而我們就是自己最強大的「催眠師」，每天用七千到一萬句話對自己進行洗腦，如果這裡面全都是對自己的憤恨、批判、詛咒，我相信這能量肯定強大到能撼動你的外在生活。

請別擔心、也請暫時放下自責，這並非你一個人的問題，大腦本來就是設計來注意「負向訊息」，以利生存的；你想想，若二十萬年前的人類祖先，生平第一次看到獅子時，是把它當作可愛小動物而非危險，我們還有可能繁衍至今嗎？

所以，**我們無須排斥這個容易「負向思考」的自己，只要從此刻開始在心中點亮「覺察」這盞明燈，你就可以在慣性自我否定時「抓到自己」，然後練習「換句話說」**。

例如，習慣在出錯時在內心咒罵「我真是笨死了！」的人，先練習抓到「啊～我發現剛剛在罵自己了耶」，然後輕輕地接納這慣性出現的內在話語，並試著換句話說：「嗯，我的確還不太擅長，但我願意再試一下，我肯定這個願意再試試看的自己！」

試著去感受換句話說後，自己身體的感覺，那就是你更貼近「完整」的狀態，也許你會感覺暖暖的、軟軟的、鬆鬆的，或終於能深深地呼吸，不再需要硬梆梆、肌肉緊繃地面對世界。

你的大腦是很有彈性的，只要每天帶著意識去覺察心裡對自己的各種評價，再把你平時鼓勵好朋友的用詞對自己說，慢慢地你會發現，你對世事的觀察格局變得更大、更寬，不再簡單地拿對與錯、好與壞來審判自己，用慈愛的心，將自己使勁地抱一抱。

身心的恢復力變佳

雖然人人都討厭病痛，但諸多經驗告訴我，是病痛才讓我們開始體驗到「不完整」，開始願意練習「自我接納」，進而淘汰舊有的生活模式，相信身心靈是同一個系統。

在這個時代，還是有不少人認為，頭痛就醫頭，腳痛就醫腳，感冒就吃感冒藥；可是，卻發現怎麼醫都醫不好，或是好了一陣子後又復發，其實這都是忽略心理層面對身體的影響力。

越來越多醫生呼籲，大多疾病都來自於情緒與壓力的累積，吃藥只能治標；想治本，反而要從你的環境、飲食、行動甚至心念調整起。

在意識到「接納力」的重要性前，只要我感冒生病，就會埋怨身體：「怎麼在這重要時刻感冒！是在跟我作對嗎？」或是請醫生開效果最強的、千萬不能嗜睡的藥，讓我可以快點回去工作，但每次都是前一兩個禮拜有用，冷不防吹到風後又復發，體質越醫越虛弱。

現在，每當我生病，第一件會做的不是急忙就醫服藥，而是先回顧最近的生活品質、人際關係、情緒壓力、工作負荷……有沒有任何失去平衡的部分？現在這一刻能做哪些調整？（當然身體不適，還是要請專業醫生診斷治療）

而當我們開始發揮接納力，活得越來越完整，定能大幅減少身體的「過勞」現象，讓身心恢復力變得更有彈性。

現代人習慣用腦袋中的意志力、抗壓性來逼迫身體，做多一點、做好一點、沒做完不准走！但身體永遠只能存在於當下，它隨時會有休息、活動、飢渴、排泄等需求。

如果你過度遵從大腦中的聲音（包括你老闆的聲音），忽略身體訊號，就會產生各種過勞類的疾病，例如尿道炎、骨刺、胃食道逆流，甚至是心血管疾病導致的猝死。

切記，身體才是你最該服侍的大老闆，當我們越趨於「完整」，越能允許自

己休息、允許自己放鬆；讓耍廢時腦中的罪惡感放個假吧，無用之為大用，接納「無用」的自己，也是邁向完整的一大步。

更能享受於當下，專注地和眼前的人事物真實地接觸

人類的大腦，相較其他動物擁有更多的皮質（cerebral cortex）[3]，所以我們更能「回憶過去」和「展望未來」，雖然看似比其他物種有更高的「智商」，卻也逐漸失去了動物本能中的「智慧」，也就是——活在當下的能力。

創傷治療專家大衛．波伽里博士（David Berceli, Ph.D.）觀察到，動物在被追趕、互相打鬥、化險為夷後，都會花一段時間發抖或甩動身體，隨即就能恢復身心的平靜。這個看似平凡的舉動，卻造成人類與動物間的巨大差異——動物不會

3 又稱大腦灰質，由神經細胞組成，屬於整個腦神經系統演化歷史上最晚出現、功能最高端的一部分。

罹患創傷後壓力症候群[4]，即使在自然界每天都得面對豺狼虎豹的生存威脅，它們依然可以透過身體動作宣洩，不殘留恐懼與憂傷。

反觀人類，在各種情緒創傷、工作壓力、人際衝突後，卻經常選擇壓抑、忽略、轉移注意力，身體更是處於「凍結」狀態。

即便暫時看來好像沒事了，這些毒素、垃圾卻依然遺留在我們的身心，久而久之累積成更嚴重的憂鬱、焦慮現象。

蜘蛛人說，能力越大，責任越大，所以我們更要帶著覺察來運用大腦，它能待在「過去」——「現在」——「未來」三種時間軸的能力；人類的大腦讓我們可以產生回憶，從歷史中學經驗，也可以發想未來，將渴望的圖像加以實踐，但我們也要可以活在當下，專注地待人、處事、照顧自己。

當你發現，你越來越能專注在此刻的他人、環境與自己，並從中找到樂趣，而不再是跟朋友聚會，卻狂被網路訊息分心或恍神思緒飄遠，恭喜你，這就是「完整」的感受。**你不再因「過去」的遺憾憂傷、或被「未來」的焦慮擔憂綁架，更自由地在你想要的任一時刻回到「當下」，享受生命。**

當與外界意見相左時，既能同理對方，又保有自己立場

每個人都來自不同的成長背景、擁有不同的信念和思考迴路，意見相左、觀念迴異甚至利益牴觸，是再自然不過的事，但我們卻很常困在「他怎麼都不懂我呢？」、「為什麼他都不照我的話做呢？」，難怪心理學家阿德勒（Alfred Adler）會說出：「人類的痛苦皆源於人際關係」這樣的重話。

其實人際衝突恰恰是在檢驗我們的「完整」程度。在彼此立場不同時，通常會出現兩種情形，**第一種，內心馬上感到憤怒、惱火**，想盡辦法說服、辯贏對方，或積極地證明自己是對的；**第二種，內心馬上感到焦慮、緊張**，害怕對方是否會因此討厭自己、看輕自己，會忽視自己的真實聲音，去認同對方。

雖然這兩種情形表現出的行為截然不同，內心狀態卻頗為相似——都被自己的恐懼攫住了，無法以更全面的視角觀察自己與他人。

---

4 post traumatic stressed disorder，英文簡稱 PTSD，焦慮症的其中一種。意指人類在創傷經驗後所引發過於激烈的身心反應，例如創傷畫面閃回、失眠、夢魘、恐懼相關人事物境等。

第一種人是恐懼失去控制權的感覺，第二種人是恐懼被討厭的感覺，他們都尚未接納自己本來就無法什麼都控制，以及本來就無需被所有人喜愛。

當與人發生對立的時刻，若對自我價值的感受夠「完整」（清楚地理解並接納你的所有優缺點），你較能清明地看見對方和自己的需求、狀態與限制，而不是一味將對方的攻擊往心裡去，引發權力鬥爭或委屈討好；你能清楚分辨，他的情緒是他的，我的情緒是我的，此時的溝通就不會演變成「丟情緒垃圾大戰」，才有可能找出第三條路，一同共好。

練習

找出專屬你的完整感受

看完上述對「完整」感受的描述，相信聰明的你應該已經有了一些歸納。沒錯，完整的感受包含了「愛」、「自信」、「放鬆」與「慈悲」，不但能接納自己的一切，也能延伸到接納他人、接納你的生命境遇。

如果你還想要有更多對「完整」感受的私人體驗，請用以下幾題來向內探詢。仔細地回想，然後閉上眼去體會，在你身體哪些部位有感覺？或是出現什麼畫面、聲音或內在對話？歡迎一一記錄下來。

步驟 1

請回想生命中最愛你的那個人，你在他身邊的身心感受。

步驟 2

請回想從小到大最有力量、最有成就感、最滿足的一次經驗，請仔細回溯自開始、過程到成果的身心感受。

步驟 3

請回想你從一段生命低潮中走出、有所體悟的經驗，那種體悟感是什麼樣的身心感受？

步驟 4

請想一個你曾經不太喜歡自己的部分（身體部位、特質、個性或經驗等），但現在越來越喜歡的經驗，這個過程有什麼身心感受？

步驟 5

請想一個你曾經常起衝突、或討厭的對象（可以是家人、伴侶、第三者、朋友、競爭對手……任何人），後來有和好或你在內心釋懷的經驗，這個過程有什麼身心感受？

3.3

我們既平凡，也獨一無二

在《小王子》的故事裡，有一段經典情節。

當小王子發現他所深愛、努力灌溉的那朵玫瑰，並非世上獨一無二的珍奇物種，世界上竟存在著一座花園，盛開著五千朵同樣的玫瑰，此情此景讓小王子內心的驕傲與意義感瞬間崩解，自己也瞬間變得平凡無奇了。

此時，狐狸告訴他：「對我來說，你只是一個跟成千上萬個小男孩一樣的小男孩而已。我不需要你，你也不需要我。對你來說，我也只是一隻跟成千上萬隻狐狸一樣的狐狸而已。可是，如果你馴服我的話，我們就會彼此需要。你對我來說，就會是這世上的唯一。我對你來說，就會是這世上的唯一……」

雖然《小王子》最常被引申為對情感關係的譬喻，我卻覺得，它也可以拿來探討我們與自己的關係。

兒童發展心理學家皮亞傑（Jean Piaget）曾說，幼兒在約莫五歲前是非常「自我中心」（egocentrism）的，什麼都從自己的角度思考，看似唯我獨尊；但在進入校園後，開始產生人際間的社會比較，我們發現原來自己沒那麼好、沒那麼特別，任何一方面都有比我們更優秀的人，那我的價值到底在哪裡？

或許吧！我們都是那五千朵玫瑰中的其中一朵，基因、身體組織、功能大同小異，如果你把自己拆解成一小塊一小塊「部分」去和其他人比較，肯定會失望，總有人比我好看、比我聰明。但另一方面，世界上卻又沒有完全相同的兩種「原廠設定」，如果你用「完整」的自己看待世界，你會發現，比較基準完全消失，因為太不一樣了，無從比起。

這就是為什麼我希望你能讓自己越來越趨於「完整」而非追求「完美」，既擁有平凡，也擁有獨一無二，如果我們能「馴服」自己的內心（這裡的馴服，我的定義是花時間瞭解、關愛與接納自己），你就能同時感受平凡與獨一無二的美好，無需在兩者間苦苦掙扎。

是「平凡」才讓我們連結，有了歸屬感

若你看過本書前言裡，我在國小遭受同學霸凌、老師鄙視的故事，你就知道我曾多害怕「平凡」，所以我努力想贏、渴望傑出，想打下一片江山，我以為只有不凡的人才會被愛、被尊重，甚至被當個「人」（畢竟當時老師叫我去坐垃圾桶旁邊，儼然被垃圾分類啦……）。

長大後，各種媒體平台的傳播、名人的渲染，更加強了我們對於「不凡」的渴求，即便連已身為國際巨星的 Lady Gaga，都曾敘述自己在卸下華麗裝扮後感到心慌，沒了這個包裝，我還是誰？就算真正得到大眾眼中不凡的位置，內心也一樣感覺平凡。

大多數人認為的平凡，也許是外表、物質、地位上的不出眾，讓人覺得自己不特別，如雞肋一般可有可無的存在；但平凡的真正定義，其實是「人性的共通點」，包含我們的各種需求，例如馬斯洛需求金字塔理論[5]中提到的：生理、安全感、愛與歸屬、尊重、自我實現等需求；也包括各種情緒，例如喜、怒、哀、厭惡、驚訝、恐懼、嫉妒等。

十幾年前，曾有個朋友如此形容我：「你好像一個圓，沒有稜角，每個人觸碰到你都會滑開，到底有誰能真正靠近你呢？」

是呀，當時的我努力將自己打點好，不去麻煩任何人，殊不知，表達需求和情緒才能幫助我與人連結，找到對頻的同伴，如果過度追求「不凡」，企圖成為某種「完美」的存在，反而會讓人感到孤單、高處不勝寒。

你我，皆因「平凡」而相識、相連、相愛，你說，是否該好好的感恩平凡、讚嘆平凡呢？

是「獨一無二」讓我們感受個體性，為世界添上色彩

雖然前半輩子的我致力追求「獨一無二」，但也有為數眾多的人告訴我：

5 心理學家亞伯拉罕．馬斯洛（Abraham Harold Maslow）認為人類有一些普遍性的欲望與需求，必須先滿足低層次的需求，高層次需求才會出現。這是個人發展的動力，是天性使然，不易受外在扼殺。

「和別人不一樣，好可怕。」

獨一無二之處，的確有時候會把旁人嚇個半死，甚至會被要求磨去稜角、配合大家，好像你只能在「獨行俠」和「偽裝成討喜樣子」中二選一，似乎永遠不會有人瞭解、接納這樣的你。

如同《冰雪奇緣》（Frozen）裡的艾莎公主（Elsa），她的雙手與生俱來就有施展冰雪魔法的能力，原本無憂無慮的童年，在一次失手誤傷妹妹安娜（Anna）後變調。艾莎從此得戴上手套、被父母禁用這個能力，安娜則被消除關於魔法所有的記憶，一道房門徹底隔開姐妹倆，幽暗房間裡的艾莎逐日消沉、鬱鬱寡歡。

但這樣的壓抑與禁止，並沒有讓艾莎的能力獲得控制，反而讓她再次面對世人時將整個國度都冰封了，被眾人指責的艾莎只好逃至遙遠的山頂，建造出屬於自己的冰雪城堡。

此時，他在主題曲 Let it go 裡唱著：「藏好，不要去感覺，別讓他們發現（Conceal, don’t feel, don’t let them know）」讓我忍不住潸然淚下。相信你我都曾因為害怕被當成怪胎、邊緣人、壞小孩，而將真實的自己冰封，這是艾莎與我們共同的命運課題——「恐懼」。

可是，艾莎如果只是逃跑，再也不回來，這部片就僅是一位青少年的情緒宣洩而已，因為妹妹不放棄與姊姊的連結，而有機會讓艾莎重新思考在「獨一無二」的能力，和「平凡」的親情中取得平衡的方式。

好比新聞中常見的「犯罪者」，經常讓人誤以為他就是徹頭徹尾的「惡」，卻忽略了缺乏愛的社會、家庭、冷漠的我們，才是真正激發他恐懼的對象。《冰雪奇緣》教會我們，愛能消融恐懼。在我看來，「自我接納」更能轉化恐懼的能量，成為你開展魔法的力道。

是的，你我都有魔法，就像有些人擅長說故事、有些人很會收納整理……你「原廠設定」中的魔法又是什麼呢？下一節，讓我們繼續來探索自己。

3.4 正視內在渴望，活出此生天賦

天賦，聽起來浮誇又遙遠，好似僅限給出身豪門、智商過人者才配去追求的東西⋯其實，天賦不需要什麼絢爛耀眼的才藝，簡單來說，**天賦就是「你喜歡的事」加上「你擅長的事」**。

但不能忽視的是，天賦也取決於外在環境而有不同的發展，例如原生家庭與生命軌跡，給了你多少選擇權、自由度、關愛、知識與資源，支持你探索，而這些都不是我們所能控制或改變的，所以我理解，大家多少都感嘆過「要是我有個富爸媽就好了」。

但即使外在環境坎坷、困頓，我們依然擁有天賦，尤其，若你是在艱難的歲月中長大至今，更證明你已具備人類最強大的天賦了。天賦可以是任何事，絕無優劣之分，它提供你此生足夠的能力，展現生命力甚至影響群眾。

永遠別擔心啟蒙得太晚，只要從此刻開始探索自己，隨時留意生活中哪些事

讓你特別「喜歡」，以及哪些事你做起來特別「擅長」，就是你可以前往一探究竟的領地。

追求意義，快樂便隨之而來

你知道嗎？其實大多數人都誤解了快樂，也搞錯了獲得快樂的途徑。

也許一小塊巧克力的確能讓我們感覺快樂，但也如同巧克力升起的血糖般，這樣的快樂往往來得快、去得更快。當我們沒有理解快樂的真正意義，而急切地盲目追求快樂，恐引發更嚴重的後續問題，例如衝動購物後的卡債、瘋狂大吃後的腸胃負擔等，都會讓我們的身心品質落入惡性循環。

曾淪為納粹集中營生還者的心理學家維克多．法蘭克（Victor Frankl）說：「快樂是追求不來的……因為它是活出有意義人生的副產品。」所以，我們渴望的，其實是比快樂更持久的「意義感」。

我特別喜歡日本作者茂木健一郎在《生之意義》（Ikigai: 生き甲斐）這本書

中對「活著的意義」（The reason for living）的見解。茂木先生認為，我們需要滿足以下四項重要元素，才能感受到熱情、動力，和存在於世的價值感。

・元素一、找到你做起來最享受的事

問問自己，你喜歡做些什麼呢？做什麼能讓你感覺開心、自在、身心舒暢呢？這個答案可以非常日常，也可以攸關你的職業，沒有任何限制。像我喜歡做的事有：躺在海邊、喝茶、說真心想說的話、旅遊、聽有趣的故事、讀與人性相關的書、跳舞、唱歌、和愛的人一起吃飯、表演、逗大家笑、也喜歡被人逗笑、睡覺、泡澡……。

這是探索起來最有趣的一個步驟，有無限多個答案，寫的過程若能讓你嘴角上揚、身體輕鬆、心跳微微加速，甚至想馬上採取行動，那你就在往對的方向前進了！

・元素二、探索你從小到大擅長的事

哪些事情，你做就是比較快、比較上手、比較有成就感？這個答案就是你所擅長的事。

每當我詢問個案、聽講的觀眾這一題的時候，最常聽到的回應就是：「我沒有擅長的事，我什麼都做不好……」你會產生這樣的心境有三種可能性：

第一種，你被世俗評價宥限住了。你或許以為，只有「數學」、「英文」、「科技」、「法律」、「醫術」等受到大眾崇敬的項目，或至少要得過什麼獎項的能力才能稱作專長。

舉個例子，曾有位個案靦腆地問我：「我只想到我好像蠻會打掃……這也算專長嗎？」我告訴他，「當然算！打掃需要很多技巧耶」。而這位個案目前已在網路上成立了家居清潔團隊，逢年過節時想訂還訂不到呢！重點是，他說每當看到客戶的家煥然一新，就讓他好滿足、好有成就感。

所以，我再次強調，專長絕無優劣高低之分。請暫時拋開他人的評價與看法，從自己的經驗探索起即可。

第二種可能性，你尚未有機會去磨練你的專長。或許你仍需為生活用力打拚，養家糊口，沒有什麼選擇的餘地，如果是這樣也沒關係，先請你回想在從小到大的經驗裡，哪門學科、哪些活動、哪類型的書籍／影片，特別容易吸引你的注意？讓你在過程裡獲取一點成就感？你所擅長之事可能就蘊藏其中。

第三種可能性，你嘗試得不夠多。我知道，人生是很倉促短暫的，無法窮盡這世界上的所有體驗，但唯一能做的，就是多去嘗試新事物；我有個簡單的方法，邀請你走進一家書店，先拿幾本你一看到主題或封面就有興趣的書，再拿幾本平常不太會看的書，帶著好奇心，去比對和發現，為自己創造新的思維空間。

・元素三、別人會願意付錢給你做的事

許多人都有談「錢」色變的症頭，包括我自己，都曾經不好意思跟個案親手收錢，覺得這樣好像讓我們的關係變廉價了，但這是源於我們不夠接納自己的專業價值與生存需求，好像不收錢、不求回報的付出，才比較高尚。

其實，讓自己的生活越來越舒適、愜意，正是「活出原廠設定」的核心精髓，因為**每個人都需要先滿足自己的需求，才有心力實現自我，發揮更大的潛能來回饋他人。**

一味地提倡「追求夢想」卻沒有花時間思索如何賺取財富，是不切實際的，

所以，無需認為錢是庸俗之物，它是讓我們活得更自由、更像自己的重要工具。

「錢」產生的問題在於，如果你是以「錢」為工作的終極目標，而非享受於工作本身，可能到頭來會被沒有盡頭的「數字多寡」所奴役，離你想要的「意義感」越來越遠。

別人會願意付錢請你做哪些事呢？這個部分也請各位靈活運用你的創意，畢竟，商機是人類發明的。以前看《櫻桃小丸子》卡通的時候，總覺得班上那位貪吃的小杉什麼都不會，唯獨食物能讓他興致勃勃，但倘若他誕生於現代，也許早已成為最出名的大胃王 YouTuber 也說不定呢！

我相信，所有能力都有價值，只要你夠堅持。

・元素四、世界與社會需要你的事

除了發揮天賦、獲得財富，與世界連結也是人類最特別的需求之一。「利他」（altruism）的天性會讓我們自然而然地去關注其他人的需要，在幫助了別人後也會產生欣慰、自我價值提升等感受，所以如果工作內容能使你融入社群、為他人締造福祉，「意義感」的拼圖將更臻完整。

而每個時代，甚至每個國家又有不同的狀態與議題，政治局勢、經濟現況、氣候變遷、食安危機、科技發展、醫學進步……對職業或人類身心健康都有巨大衝擊。

有些命題是我們需要即刻省思的，例如，「哪些職業較不會被ＡＩ取代？」、「醫學進展讓壽命增加，但人們心靈痛苦指數為何不降反升？」、「我在銷售的商品（食品、金融產品等）有沒有為了貪圖近利而犧牲人與人的信任？」、「這份工作傳達的思想是讓人更分裂仇視，還是更理解相愛？」……也許不是一時半刻就有清晰的答案，但你內心必定知道，你正在從事、或嚮往從事的職業，是否對世界、對社會、對人群有所貢獻。

這些命題很大，可能已讓你備感壓力，但其實對世界的貢獻，也可以從這個小問題開始：「**我今天的工作，可以幫助到誰？**」或許是幫助顧客解除疑惑、讓地球更乾淨，或單純因為你的存在，而覺得幸運，這就是我們對「工作」的最高期許。

你所喜歡的、擅長的、又能讓你賺到錢的事情中，哪些也同時能讓別人也更幸福的呢？祝福你在一番探索與實驗之後，找到屬於你「活著的意義」。

站對位置、發揮長處，比拚命修正短處重要

我們之所以對某些工作感到痛苦，通常是因為工作內容所需求的能力或方式不符合我們的「原廠設定」，我們得花上比別人多好幾倍的時間，去做完一件事，成果卻依然不怎麼樣，頂多只覺得「呼……終於下班了」，而沒有帶來任何滿足或有意義的感受。

初入心理師這行時，我曾做過一份需要大量行政能力的工作，而對於文書、報表的細節完全苦手的我，幾乎是每天，都在老闆的斥責聲中度過，做到凌晨還是出錯，想當然爾，在情緒低落的狀態下，連我的本業——諮商的品質也受到不少影響。

當時，我和老闆溝通，是否願意讓我試試看「演講」這份我更擅長的工作，取代文書處理，或許能為機構帶來更大的效益，但老闆認為我太好高鶩遠：「你只是個新人，在外面不可能找到更好的工作了，行政是你的短處就努力學、拚命修正嘛！有這麼難嗎？」是啊……我也不知道為何處理數字、做報表對我來說這麼困難，使當時的我深深陷入自我懷疑的泥沼中。

直到離開那間機構，成為「行動心理師」[6]，我才發現，站對位置比什麼都重要，當長處能好好發揮，工作就不再是種對自我的鞭笞，反而會自然而然、求知若渴般地想要學習吸收更多。

如果你感受到在職場裡，你經常需要「修正自己的短處」或「變成另一個樣子」去配合大家，這就是不容忽視的訊息，它在試圖告訴你，這裡並非對的位置。

而職場就像個合唱團，請把現在的「卡關」當成發聲練習，引領你找到合適的音域，先讓自己站對位置，才能發揮各自的長處，一同吟唱出和諧的樂章。

在高峰上享受掌聲，在低谷裡聽見心聲

成為心理師之前，我曾在金融業待了五年，最後一年，某幾位同事開始背地裡向新來的主管進讒言，將我冠上莫須有的罪名（例如：只要我當天走進辦公室沒有笑容，他們就會跟主管說：「予昕一定是跟另一半吵架，把情緒帶來公司，

ＥＱ真差！」），讓主管對我造成誤解，不但使我的工作項目窒礙難行，部門裡的人際關係也降至冰點。

當時的我並不曉得這就叫做「職場心理暴力」，只覺得每天都很挫折、防衛，每到上班前就痛苦萬分，像個拒學症的孩子般，經常胃痛想吐；而職涯也等同於被宣告失敗，都快三十歲的年紀，仍不知該何去何從。

你也有過這樣的經驗嗎？失足跌進了生命的低谷，四周籠罩著無盡地黑暗。但，也正是這樣的契機，才會讓我們開始向自己提問，那些人生中最至關重要的問題：

「我是誰？」

「我想成為怎樣的一個人？」

「現在這份工作是我想要的嗎？」

「什麼是我所渴望的人生？」

---

6 心理師中的自由工作者，可與任何單位合作接案及演講。

因為，在我們順遂、站上生人高峰的時候，眼光絕對是對準目標直線前進，唯獨只有在幽谷中，這些情緒與困頓才會促使你開始向內探尋，對於我的設定而言，真正有意義的是什麼。

我從主持人、演藝圈、金融業的生涯，看似斷斷續續、曲曲折折，卻在成為心理師後開始懂了宇宙的幽默感。

主持的經驗，是為了讓我對口語表達有更多的磨練；演藝圈的經驗，是為了讓我對身型容貌的掙扎有更深的體會；金融業的經驗，是為了讓我對企業文化、組織管理、溝通衝突有更多的認識……這些印記，形塑了現在這個我，每一道傷、每一滴淚、每一條崎嶇的路，都在淬煉出我生命的獨特性。

雖然是後見之明，但你說，我是不是該謝謝當年在背後中傷的同事「推我一把」呢？

親愛的，若現在的你是站在人生的高峰上，千萬別客氣，請用力地享受掌聲，活出酣暢與快意。但，若此刻的你位於生命的低谷，正徬徨著到底該堅持下去或毅然離開……來，先深深地呼吸，**請相信這份不安很重要，表示你的內在正升起一股聲音等待你去認真傾聽，想引領你往更貼近「原廠設定」的方位前進。**

你若問我：「這段路上會怕嗎？」我的答案是：「當然會！」但就**請一邊害怕、一邊匍匐前進吧，因為在人生中，沒有一條路叫做冤枉路，只要用心體驗，無處不蘊藏著禮物！**

3.5

修煉主題：回到你的原廠設定

經過前面的描述，希望能讓你對「原廠設定」有初步了解，開始活出更像自己的人生。但我猜，仍有些朋友會困惑地問：「我還是分辨不太出來，哪些是自己的原廠設定，哪些是外在制約耶……」

有這個困惑非常好！因為我們的「原廠設定」和生命經驗是錯綜複雜、相互影響的，並非一時半刻能夠通曉，甚至未來當你又度過一段時間、經歷一些事件，會從水面浮出更多的自我樣貌。

所以在這一節，我將提供大家幾個練習，讓我們對自己「原廠設定」的輪廓更加清晰。但在修煉之前，我得先提醒容易追求極致的朋友，**你無須「完全」地瞭解自己，這也不是一場競賽，我們只需要比昨天更認識自己一些，更有意識地用原廠設定去做今天的決定，就已達成本書想傳達的目標**。

每一天都靠近自己多一點，幫助自己在資訊量爆炸、標準紊亂的世道裡，穩住陣腳，恢復聆聽內心指引的能力。

練習一

把身體一點一點的愛回來

就讓我們從身體開始吧！身體是人類心靈與物質世界的橋樑，也是最強大的直覺力所在，如果我們和身體的關係不好，等同於減弱了內在信息的收訊品質，這時候我們也更容易恐慌、不知所措，甚至不加消化地把別人的期許，當成是自己的渴望。

身體的「原廠設定」比起性格特質更容易辨認，例如我們的膚色、身型、五官或任何的殘缺，這些部分都需要被我們好好接納。以下兩個步驟，曾帶給我相當多感觸，幫助我改善與身體的關係，因此也想邀請你試試看。

步驟1 樹木練習

我們身體有一個簡單，卻超級重要的功能，就是**幫助我們隨時回到當下，感受活著的能量**。

前文中曾經提過，相對於身體，大腦是一個容易「耽溺過去」和「焦慮未來」的器官，所以我們非常需要透過身體的感知，像個船錨般將自己穩定在此時此刻，陪伴心靈度過無數場暴風雨。

第一個步驟很簡單，請你找一個獨自、乾淨的靜謐空間，穩穩地站著，雙腳與肩同寬，最好是光著腳丫，讓身體感受與大地直接的觸碰。

站穩後，你可以選擇閉上眼睛，或是往下看（因為當眼球往下看的時候，視神經會連結到腦部身體感受的區塊，比較容易回到身體感覺上），做幾個緩慢而深沉的呼吸，讓原本躁動不安的大腦逐漸安靜下來。

接著，請發揮你的想像力，將自己想像成一棵樹，腳底生出了樹根，紮紮實實地向下扎根，直到你覺得這些根已經夠深，深到無論怎樣的暴風雨都能屹立不搖的程度即可。

然後再把注意力從小腿骨、大腿骨、骨盆、脊椎、頸椎到頭骨逐步向上延伸，像是目睹了參天巨木成長的歷程，你不斷地往上生長，直到你覺得周圍空氣都清新了、視野變得遼闊了。

最後將注意力回到肚臍左右的位置，感受向下穩定的力量，及向上延伸的力量同時存在，在這裡做幾個深而緩的呼吸。

這個「樹木練習」可以在你日常中遭逢情緒波動時進行，更可以當作每天一早起床的晨練，在你拿起手機之前做，效果更佳（起床馬上看手機相當容易影響我們的穩定度），你會發現一天下來受到震盪的頻率降低，或是震幅變小。

步驟 2 與身體開啟對話視窗

我們很容易會把身體當作理所當然的工具恣意使用，甚至當它生病，或外表不如我們期望時，我們還會埋怨、傷害、過度改變它，**這個步驟能讓我們療癒過**

去受外在評價的創傷。

你首先需要的是一個溫暖、舒服、獨處的環境，我推薦的地點就是洗完澡後的床上，此時身心感到清潔又放鬆，如果你有擦乳液的習慣，也可以搭配操作。

請用你的雙手輕輕地撫摸或揉捏，從腳趾、腳背、小腿、膝蓋、大腿、腹部、臀部、胸部、背部、手臂、脖子、到每一個五官，過程中你只要專注感受這些部位摸起來的觸感，以及被自己撫摸的感受即可。

許多人反饋我，有些地方摸起來很舒服，但有些地方會引發不好的感受，例如羞愧、厭惡感等等。請先試著相信，在我們嬰兒時期，對身體的羞愧與厭惡是不存在的，這些感受是後天的制約，如果你發現某些部位讓你有不舒適的感覺，甚至讓你畏懼去觸碰（例如，撫摸的過程，若產生性慾會讓你恐懼，那麼可能有性創傷或性壓抑相關狀況），有這些不適感很重要，因為這裡頭肯定隱藏了你被否定的部分，等著接受療癒。

撫摸過一輪後，請針對幾個特別不舒適的部位，開啟對話視窗，邀請你用溫暖的雙手放在其中一個部位上，先辨識出內在的感受，以及曾經受過的外界傷害。向這個部位為我們承擔的辛苦致謝，並道歉過去的忽視或傷害，最後向這個部位保證，從今開始會接納它本來的樣子，以它本來的模樣疼愛它。

以下我用自己與「大腿」的對話，做為示範：

親愛的大腿，當我觸碰到你的時候，我浮出一個厭惡又羞恥的感受，因為我們曾被別人說過：「穿長一點的褲子吧，這麼多肥肉晃來晃去的，真難看！」這讓我試過激烈運動、吃減肥藥、絕食……各種方法想讓你變得纖細，這些都源於我曾那麼想被別人喜愛。

如今，我想為了這些傷害向你道歉。而我更要感謝你，總是穩穩地跟我在一起，幫助我行走、奔跑，帶我去所有我想去的地方，讓我腳踏實地地活著。

我保證，從今開始我無條件地接納你的樣子，無論纖細或粗壯，我會以你本來的模樣疼愛著你。

特別想預告的是，因為身體經常會累積著我們尚未處理的創傷，練習過程可能會鼻酸、落淚，這都非常自然，請讓情緒自在地流淌。但若產生難以承受的強烈情緒，或痛苦畫面如海嘯般襲來，請立刻暫停，回到「樹木練習」穩定自己，或找尋專業心理師陪伴你一同操作。

療癒沒有時間表，只需要你的耐心。

練習二

繪製你的生命走勢圖

這個練習邀請各位從頭回顧一次自己的人生，在起起伏伏中，是哪些因素影響著自己？我在什麼樣的環境中最有活力？跟什麼樣的人相處時最像自己？做什麼樣的事適合我的發展？透過我們的生命歷史，去參透什麼能讓我們感覺完整、平穩，這些元素就符合你的「原廠設定」，反之亦然，我們也需要開始將不適合的元素斷捨離。

請準備一張至少A4大小的白紙，大一點也行，給你空間寫下更詳細的資訊；將這張紙橫著放，在中間畫上一條橫數線（如圖所示），數線左方請寫一個零，代表你出生的那刻，數線右方請畫成箭頭，並寫下你目前的年紀。

然後，從出生那端開始，一年一年的回想，浮現在你腦海中的重要回憶，若出現一個你喜歡、滿足、開心的事件，請向上畫一個箭頭，越喜歡這段回憶箭頭就越高，並在箭頭旁寫下事件的簡要名稱。反之，如果出現一個你不喜歡、辛苦、悲傷的事件，請向下畫一個箭頭，越不喜歡這段回憶箭頭就越低，也在旁邊寫下它的簡要名稱。

重要事件都盡可能地寫出來後，可以寫下對每個事件的註記。

舉例一：被同學霸凌事件——人際關係不良、沒有人相信我、專長沒有被看見、學業也一落千丈。舉例二：受到某老師栽培——天賦被肯定及培訓、朋友變多、開始變得幽默搞笑。

從這兩件事的註記看來，被人相信、專長被看見以及有朋友對我來說是非常重要的元素，可以影響我的整體狀況，是最適合我活出原廠設定的環境，而表達、演講，也是不斷重複出現的能力，就有更大的機率為我的天賦。

這個圖表幫助我們整理、歸納自己的生命經驗，當未來有很多選擇出現時，你會更知道，哪裡是能鼓勵、滋養你原廠設定的土壤。

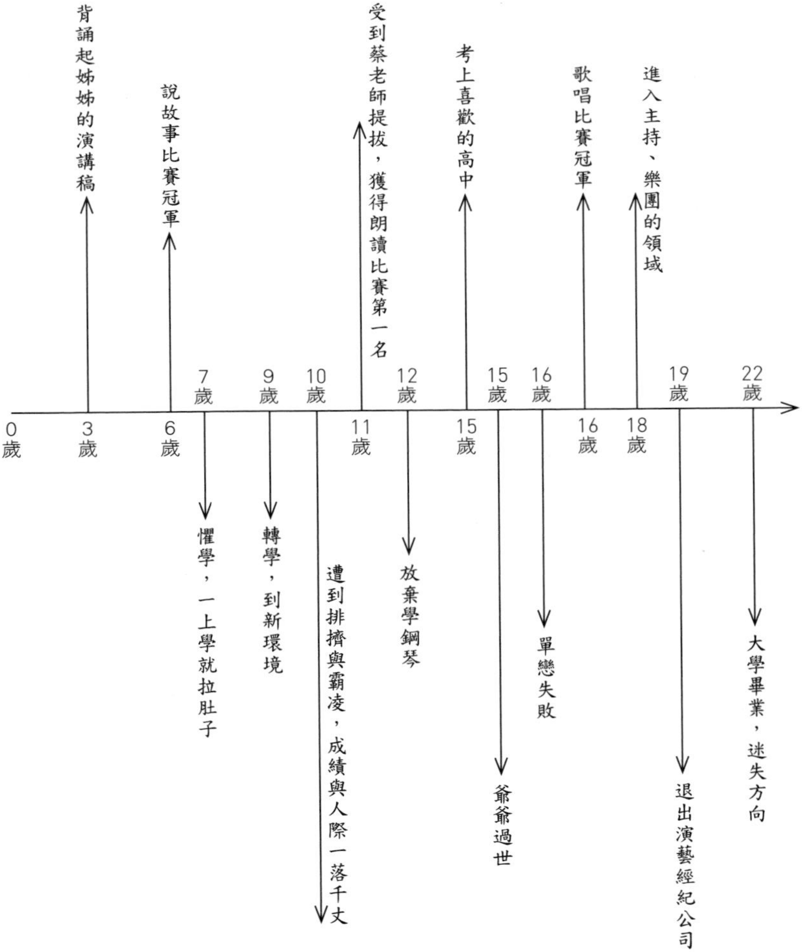
0歲
3歲 背誦起姊姊的演講稿
6歲 說故事比賽冠軍
7歲 懼學，一上學就拉肚子
9歲 轉學，到新環境
10歲 遭到排擠與霸凌，成績與人際一落千丈
11歲 受到蔡老師提拔，獲得朗讀比賽第一名
12歲 放棄學鋼琴
15歲 考上喜歡的高中
15歲 爺爺過世
16歲 單戀失敗
16歲 歌唱比賽冠軍
18歲 進入主持、樂團的領域
19歲 退出演藝經紀公司
22歲 大學畢業，迷失方向

練習三

分辨「原廠設定」和「外在制約」的聲音

要分辨「原廠設定的指引」和「外在制約的聲音」相當不容易，每個人也有屬於自己的獨特訊號，請原諒我難以系統性地說明。但通常，外在制約會來自某個重要他人曾說過的話，例如你的父母、師長、同學、伴侶，或社會主流文化習俗等。這並不是說別人的看法、主流看法就絕對不好，重點是我們有沒有體驗過、感受過這套價格觀與自己的適合程度。

外在制約的聲音也經常帶有這些字眼：「我應該……」、「我必須……」、「我一定要……」、「我絕對不可以……」這類比較決斷性的要求。在心中浮現時，你的身體會比較緊張僵硬，心情上產生「如果沒有如何如何……我就完蛋了」的恐懼。

反之，若是原廠設定的指引，你會有種自然而然被某些環境、人、事件、才能、經驗「吸引」的感覺，你就是不自覺地想去經歷它，想到能夠經歷它就會有點興奮、心跳加速，即使仍有擔心失敗的心情，但你更擔心的是如果不做可能會後悔，因此你會投入更多注意力在體驗過程，而非害怕失敗。

每個人受到制約的程度不同，也許我們還需要更多的時間分辨兩者間的差異，只要持續觀察身體的「緊繃」與「放鬆」程度，和心理的「抗拒」與「興奮」指數，相信很快你就能有心得。

練習四

正視你的真實渴望

全球最知名的脫口秀主持人歐普拉（Oprah Winfrey）曾說：「你敢去渴望什麼，生命就會給你什麼。」（You get in life what you have the courage to ask for.）曾歷經坎坷童年的歐普拉，用他的血淚鍛造出這行金玉良言，在在提醒我們，大多時候不是我們實現不了渴望，而是我們不敢渴望。

而我認為，**除了不敢去渴望，還有另一個問題，就是我們還不夠認識自己，苦於追求不適合的目標，進而感到挫折、痛苦。**

所以在第三章的最後一節，想給予你一些空間，去探索自己的渴望，以及檢視這些渴望是否符合自己的原廠設定。

這個練習是修改自ＮＬＰ中的迪士尼策略（Disney creativity strategy）[7]，一個幫助我們實現渴望人生的好方法。

請先準備三張紙，分別在上頭大大地寫上「夢想家」、「實踐家」與「評論家」三個角色，並把這三張紙放在地上，形成三塊可站立的空間。

步驟1 踏入「夢想家」的空間，沒有限制地描繪你渴望的人生

這邊的「沒有限制」，意指你可以說出或寫下任何你想要的畫面，例如，你想像的家是什麼樣子？你想要的工作有哪些元素？你心中「美好的一天」是如何展開？你想要的伴侶關係是什麼樣的等等……歡迎你盡情地想像，直到你渴望的人生差不多描述完成。

請將這段夢想過程錄音、寫在筆記本或找人幫忙聆聽，目的是記住這些渴望的細節，待會移動位置時可供其他角色參考、討論。

踏出夢想家的位置，動一動，調整一下心情後，再進入下一步。

---

7 相傳華特．迪士尼（Walt Disney）當初在打造迪士尼王國時，會進入三間不同顏色的房間來激發創意與執行力。NLP大師，羅伯特．迪爾茲（Robert Dilts）將這個「轉換位置，轉換觀感」的方法，研發成一個人人可用的策略，幫助自己不被個人框架束縛，讓夢想實現機率大增。

步驟2 踏入「實踐家」的位置，實踐夢想家所描述的景象

請感受你正在過著夢想家提出的人生，你會看到哪些景象？你會聽到什麼樣的話語？你會感受到什麼情緒與身體感覺？哪些人會出現在畫面裡？你會如何去執行這個夢想？

當你的畫面、聲音、感受非常清晰，就像你正在經歷渴望的人生時，把這樣的感受記下來（例如不自覺地微笑、興奮、微微顫抖等），踏出實踐家的位置，動一動，再踏入下一步驟。

步驟3 踏入「評論家」的位置，分辨原廠設定與外在制約

請評論家以客觀第三人的立場，協助夢想家看看，哪些畫面可能帶有恐懼別人評價、滿足他人期許的成分，哪些又是自然而然、發自內心的渴望，並協助夢想家調整成更貼近原廠設定的畫面。

想特別說明一下，他人的期待並非通通是不好的，重點是我們有沒有經過覺察、思考與實驗，看看這份期待是否貼近自己的原廠設定，再決定要不要納入內心渴望的範疇。

通常外在制約會給你「緊張」、「焦慮」的感受與「自我責備」的聲音，好像不做就會完蛋，就會比不上別人，就不會被他人喜愛；而內在渴望是比較自然的「吸引力」，那些你不做會後悔，很想嘗試看看的事。

我知道這不容易分辨，暫時感到模糊、困惑都是正常的，「緊張」跟「興奮」本就是一線之隔、相互重疊的感受，但當身體些微差異（稍微緊繃一點或稍微放鬆一點）的訊息皆被你細細覺察後，你就會更明白哪些是外在制約，哪些是內在渴望。

步驟4 打造原廠夢想

再次回到「夢想家」的位置，感受重新調整過的畫面，予以修正初步夢想。

當你已稍微能分辨，哪些是來自外在制約的期待，哪些是來自原廠設定的渴望，就可以開始「打造原廠夢想」。

歷經上一輪的三方討論，可能會出現新的夢想畫面，體會看看，有沒有比第一輪的畫面讓你覺得更自在？是不是更興奮、更迫不及待了？如果是的話，新的畫面就是你的「原廠夢想」。

步驟5 重複步驟2～4，直到「夠原廠」為止

請再次踏入「實踐家」的位置，想像自己正活在你的「原廠夢想」中，你看見什麼畫面？聽見什麼聲音？身體有哪些感受？

等待這些視覺、聽覺、觸覺都夠清晰時，如同你正在這樣進行、生活的時候，再踏入「評論家」的位置，看看是否仍有不適合的外在制約存在？造成你身心上的抗拒感。

如果依然覺得哪裡怪怪、好像還不是你要的，請給自己一些耐心，在這幾個

位置多走幾輪，直到評論家認為沒有外在制約了，三方都同意、滿足了為止。直到這三個角色都達到某種平衡，點頭認可這個夢想「夠原廠」，就完成了！

步驟6 開始實踐！

雖然我們已經找到了符合原廠設定的夢想，但仍需要你踏出那珍貴的第一步，才能離它更靠近。而第一步通常是大家最害怕、也認為是最困難的關卡，但其實第一步可以超輕鬆、超簡單，你絕對能達到。

例如，當你的夢想是「交往到好對象」，你的第一步，可以是出門參加活動、報名一項有興趣的課程，聽起來雖然不能「直接」找到伴侶，但卻是打開眼界、交友圈，甚至提升自我能量的方法。

如同我們都聽過的老笑話：某信徒每天燒香拜佛，希望神明讓他中樂透，但始終不得所願，有天神明受不了了，下凡顯靈：「喂！你想中獎至少也出門去買張彩券吧！」

若你還是不太知道從何著手，歡迎運用本書第二章一九〇頁的「目標設定」練習，有助於釐清屬於你的第一步，進而以最省力的方式，一步一腳印，開拓出原廠夢想的路徑。

人只有在為夢想做事時，能展現最強大的動力。而夢想也不能只是空洞的夢境幻想，需要回到原廠設定裡認識自己、接納每一個部分的自己，並展現追求卓越的勇氣時，才能達成。

第四章

接納力UP的每日練習

我們得先全然地接納自己，才能穩穩地向世人宣告：
「雖然跟你不一樣，但這樣活著的我，也很好！」

4.1

先讓我們來找找，你已經擁有的接納力

終於走到這里路，我真心地想為你歡呼！你已跨越最泥濘、陰暗、艱難的部分，認出並愛回自己的陰影，有意識地將「接納力」融入生活，成為你實踐人生的方式之一。

本章將提供你在未來的日子裡持續覺察、探索自己的方法，不斷深化對自己的了解，因為你永遠有潛力等待被發掘，不管活到幾歲，請永遠對自己抱著好奇、開放的心。

如同我先前所提，人類甫出生時就已擁有充足的接納力，但在長大、社會化的過程中，我們為了融入群體，進而修剪、打磨自己，壓抑了部分的真實自我。

但我很肯定的說，你沒有的東西無法引起你的注意，你之所以能夠拿起這本書、堅持看到最後一章，表示你其實有非常豐沛的接納力，等待你透過練習，重新流暢地運用它。

請你回溯過往，在你的人生中是否出現過以下的幾種時刻，進而發現自己已經擁有的接納力。

為自己或某種信念挺身而出的能力

在面對外界的否定、批判、誤解或欺負時，你曾為自己發聲過嗎？也許只是簡單的說一句：「請不要這樣，我不喜歡。」這都意味著你已接納了自己，願意為了珍貴的自己挺身而出。

甚至有些人，還願意為了某種信念、某些群體的福祉大聲疾呼，即便暫時無法受到重視，也能堅持下去，這種無畏的精神，總是讓人由衷敬佩。

祁家威先生在我心中，就是這樣的一位勇士，早在一九八六年，臺灣對同性戀族群仍極端陌生與排斥的年代裡，他就已經站上街頭，希望能讓更多的人了解，其實同志，就和所有人一樣都有其既平凡又獨特的部分；他的行動，促使臺灣終於在二〇一九年通過同性婚姻法案，躍升為亞洲最重視人權的國家之一。

生而在世，我們都一定有和別人「不一樣」的地方，都有可能遭逢外界的否定與詆毀，倘若我們能勇於為自己發聲，嘗試透過溝通、讓別人更了解自己，這就是接納力最強大的展現。

因為，**我們得先全然地接納自己，才能穩穩地向世人宣告：「雖然跟你不一樣，但這樣活著的我，也很好！」**

經歷失戀、挫敗後的復原力

從小到大，我們多少都有過挫折、失敗的經驗，小至考試考差了，大至發現隔天要步入禮堂的另一半劈腿了……你經歷過哪些呢？而在這些當下使我們痛苦不堪的事件後，你又是怎麼復原的呢？

也許有人會說：「我根本還沒復原，心依然隱隱作痛。」那也無妨，因為只要你還活著，還能夠讀一本書試著療癒自己，這就是接納力持續運作的證明。

請列出你在失敗、失戀後為自己做過的所有事情，即使只是去看看海、散散心、用一場電影好好哭泣這類的小事都行，有意識地發掘自己那無限多、無限創意的接納能量，蘊藏在你之中。

陪伴、安慰他人的能力

有些個案發現，他們很難在失意的時候安慰自己，腦袋裡浮現的盡是自我批判和自我厭惡的聲音。我請各位想像一下：「若這件事是發生在你最好的朋友（或是你疼愛的孩子）身上，你會如何對他們說呢？」

此時，有為數比較多的人就可以說出「這不是你的錯」、「就盡情的哭吧，我會陪著你」、「你已經盡力了」、「你真的辛苦了」這類的話語。**當我們能用寬容、慈愛的心態對待他人，其實我們就有能力這樣對待自己，只是我們還不習慣，或從未有人告訴過我們，接納自己很重要。**

一定還有無數個例子可以佐證，你其實充滿了接納力，我想邀請你持續看見，自己是如何一路走來，活到現在這個歲數，千萬別小看自己的力量與潛能，你就是一個宇宙裡的奇蹟。

4.2 接納「矛盾兩極」同時存在

西方的心理學大師——榮格（Carl Jung）曾說：「我們無法直接看見光明，除非有黑暗，所以要讓陰影浮現到意識中，我們才能活得更輕盈。」東方的思想家——莊子在《莊周夢蝶》裡也提及相似的概念：每樣東西皆有一體兩面，而這兩面也都是它本身。

所以，想認識真實的自己，需要以「完整」的觀點出發，**你有光亮的一面，必定也有照不到光亮的背面，這些都是你，都需要受到你的關注**，而就算你不承認、不接納它們，它們也依然存在，並且會用各種方式絆住你，目的就是為了「求關注」。

「接納『矛盾兩極』同時存在」的這個練習，源自我於曹中瑋老師完形心理治療專訓中最有收穫的一段體驗，經過稍微調整，成為一個簡單又實際的方法，希望能幫助你整合內在對立面，回歸最完整的自己。

步驟1 寫下至少三十個自己擁有的特質

你會用哪些詞彙形容自己呢？請盡可能地寫下至少三十個特質，正負不拘，越多越好。如果想不太到，可以參閱下頁的「特質形容詞列表」，從中找尋符合你的詞語。

特質形容詞列表

有優越感的、合作的、耐心的、友善的、慷慨的、細心的、好奇的、難理解的、喜歡分析的、謹慎的、易批評的、易自我批評的、寬宏的、複雜的、沒秩序的、熱心的、直覺的、隨便的、隨性的、情緒化的、重秩序的、能站在別人立場的、開放的、具說服力的、擅表達的、富創意的、理想化的、無條理的、有愛心的、浪漫的、成功的、有主見的、敏感的、自我厭惡的、有罪惡感的、崇尚自由的、正確主義的、助人的、理想化的、仁慈的、敏銳的、敏感的、內向的、獨立的、善解人意的、知性的、能自我反省的、失敗的、溫和的、不善交際的、理性的、順從的、成熟的、含蓄的、保守的、謙虛的、善思考的、富想像力的、幼稚的、不切實際的、衝突的、有耐性的、負責任的、善交際的、機智的、有報復心的、令人感到溫暖的、有社交技巧的、富同情心的、謙虛的、坦率的、追求歡樂的、真實的、沒秩序的、情緒化的、善表達的、雜亂的、自律的、拖延的、固執的、實際的、拘謹的、正直的、有規則的、不愛出風頭的、缺乏彈性的、有秩序的、外向的、愛現的、衝動的、外向的、頑固的、簡樸的、觀察力弱的、有智慧的、大方的、自在的、壓抑的、穩定的、有嫉妒心的、重物質的、慈悲的、執著的、觀察力強的、勇敢的、開朗的、勤勞的、自私的、貪心的、易發怒的、保守的、自我要求高、懦弱的、憂鬱的、懶惰的、易分心的、老實的、善良的、知足的、中肯的、猶豫不決的、虛偽的、狡猾的、投機的、有教養的、小氣的、邪惡的、有療癒性的、狡詐的、貪婪的、重承諾的、自卑的、計較的、有趣的、專心的、有破壞性的、驕傲的、有偏見的、取巧的、悲觀的、無知的、節儉的、莊重的、有品味的、從眾附和的、客觀的、務實的、樂觀的、博學的、主觀的、無聊的、看淡一切的、自愛的、仔細的、點子多的、貼心的、有禮的、強勢的、剛烈的、完美主義的、不做作的、做作的、孤僻的、嚴厲的、偏心的、穩重的、聰明的、伶俐的、有恆心的、誠實的、精力充沛的、細心的、識相的、從容的、文雅的、輕浮的、追求刺激、粗魯的、粗心的、白目的、配合度高的、自信的、勤奮的、愛表現的、雞婆的、討好的、沉默的、有領導力的、合群的、搞笑的、緊張的、討人喜歡的、有野心的、焦慮的、沉穩的、公正的、真誠的、和藹的、淡定的、天真的、溫柔的、和氣的、安靜的、具雄心大志的、聒噪的、自大的、緊繃的、守時的、不太受歡迎的、死板的、愛冒險的、支配心強的、放鬆的、高貴的。

步驟 2

找出兩兩相對的特質組合

從你列出的形容詞中，找到意思相反的特質。有些相反地比較明顯，例如：自信 v.s.自卑，樂觀 v.s.悲觀；但有一些相反地沒那麼明顯的也算是相對組合，例如：樂於助人的 v.s.沒安全感的。

步驟
3

為挑出的對立特質以某種動物命名

以動物命名的原因，是動物擁有較單純、顯著的特質（例如獅子就會聯想到霸氣，兔子就聯想到天真等等），因此這個形象能更鮮明地在心中運作；若以人名命名，可能會出現太多複雜的特質，影響後續步驟的進行。

以我自己為例，從步驟2中挑出的相對特質組合是「友善的」v.s.「嫉妒的」，而我將它們命名為「海豚」v.s.「響尾蛇」。

步驟 4

分別訪問這兩極

請以「主人」的身份，運用以下十道題目，分別來認識你的兩極特質動物。若步驟2中你找出非常多組相對特質，那太棒了！邀請你在未來的日子裡，一組一組慢慢地訪問、對話。

對第一個特質動物的認識

1. ＿＿＿＿都在我什麼時候出現？

2.——出現時我都表現出什麼行為？

3.從我有記憶以來——何時開始存在？

4. 在我生命中哪個時期比較常出來？

5. 會在什麼樣的場合或人面前出現？

6. 現在＿＿＿＿出現的頻率？

7. 我喜歡＿＿＿＿嗎？

8. 我和________的關係如何？

9. ________出現在我生命裡的功能是什麼？

10. 以主人身份，感謝＿＿＿＿＿的存在。

對第二個特質動物的認識

1. ＿＿＿＿＿都在我什麼時候出現？

2.——出現時我都表現出什麼行為？

3.從我有記憶以來——何時開始存在？

4. 在我生命中哪個時期比較常出來？

5. 會在什麼樣的場合或人面前出現？

6. 現在＿＿＿＿＿＿出現的頻率？

7. 我喜歡＿＿＿＿＿＿嗎？

8. 我和＿＿＿＿的關係如何？

9. ＿＿＿＿出現在我生命裡的功能是什麼？

10. 以主人身份，感謝＿＿＿＿＿＿的存在。

步驟5 將兩極融合，成為自己真正的「主人」

以下這一段話，是本練習的結語，讓我們更有意識地接納每一個部分的自己，卻也不會被這些部分所定義，我們會更清楚地感受到，自己是有權力運用所有特質的主人翁。

請將上述你的兩個特質動物填入底線中，然後把這段文字唸出來：

我看見，＿＿＿＿＿＿（動物一）是我，＿＿＿＿＿＿（動物二）也是我，我同時擁有這兩個部分，而它們不是「我」的定義，因為「我」比這些特質的總和更大、更多。

我是能夠自由運用它們的主人，在適當的時刻，讓它們現身，發揮功能。謝謝我的＿＿＿＿＿＿（動物一）與＿＿＿＿＿＿（動物二），一直陪伴在我的身邊。

4.3

聽見你常在內心對自己說的話

其實，大部分人都小看了文字的威力，我們的日常用詞早已透露了你是怎麼看待自己、看待他人、看待這個世界，進而形塑了你的人生。

請想像你的大腦是一片滑雪場，這些語言就如同滑雪者，在大腦中劃下一道又一道的軌跡，每用一次，這條軌跡就往下深一階，越來越深的後果，就是你想滑別條路都不行，變成固定的觸發行為、脫口而出。

習慣說：「我就是這樣」的人，更容易堅持己見，即便己見早已不合時宜仍抗拒調整。習慣說：「沒辦法」的人，更容易放棄思考，心中打定沒有任何的可能性，進而真的走進死胡同。這一節將提供你兩項有效的內在對話練習，透過「改變內在用語」來弭平你的滑雪場，想要滑去哪就能去哪，讓你的心智充滿彈性。**有意識地改變慣用詞彙，就能從舊有腦內路徑中另闢新航道，使自己說出富接納性的內在話語，啟動強大的治癒力，也創造出人生的無限可能。**

練習一

把「我是……」變成「我有……」

這個練習超級簡單，只要觀察你的自我內言，或和別人講的話中，那些「我是什麼樣的人」句子，然後把它改編成「我有什麼特質或特定狀態」即可。

舉例說明，把「我是一個嫉妒心強的人」改編成「我有嫉妒」，把「我總是一事無成」改編成「我有幾件事做不好」，這樣就完成了。

你有看出前後差異嗎？前者的形容較有針對性、全面性、持久性，好像你在每個方面都這麼差、你就永遠等於這個形容詞或狀態；後者是**恢復「主人」姿態，客觀敘述你擁有某個特質，或當下真實狀態，但你沒有被這個特質吞沒，也沒有對狀態過度誇飾**。

以下請你用兩句內心最常出現的自我否定話語來做這個練習，第一句用「我是……的人」造句，底線填入你很不喜歡自己的那個面向；另一句用「我總是……」為開頭，底線填入你某項經常出現，但你很不喜歡的行為或展現，接著試著改編成新句型，並唸出來，感受前後文分別帶來什麼樣的情緒。

1. 我是＿＿＿＿＿＿＿＿的人。

   我有＿＿＿＿＿＿＿＿。

2. 我總是＿＿＿＿＿＿＿＿。

   我＿＿＿＿＿＿＿＿。

請仔細體會改編句帶來的感覺，雖然不是肯定與讚美（我們不需要假惺惺的正能量），但能幫助我們用更高的位置客觀地看見自己，而非困於其中，這小小的不同，就可以讓內在狀態穩定、柔軟，分配更多的氣力用於解決困境，而不是拿來對付自己。

這個看似簡單的練習，其實就是在建立我們的「自我價值系統」。很多人不知道，除了拿別人給的讚美和批評評估自己，我還能怎樣建立自信？

其實，每一次自我內言的調整，就像給自我價值系統砌一個磚，你會發現自己越來越清楚你是誰、能做到什麼，不再輕易受外在事件、閒言閒語的動搖。

練習二

把「我不能……」變成「我不想……」

接下來這個練習，是要調整你內在的「限制性思維」，目的一樣是將你這個「主人」的能量提升，降低外在評價的制約。大多數無法活出自己的人，通常是習慣世界用各種方式告訴我們：「你做不到」、「你沒辦法」、「看吧，就跟你說了會失敗」讓我們以為自己就只能任命運捉弄，限制了無窮的可能性。

一旦我們發現，這些枷鎖是源於過去的限制性思維，我們就有機會拿回鑰匙、為自己鬆綁，清晰看見哪些是我無法控制的，便放下執著，哪些是我能盡力做看看的，便放膽嘗試。

請用「我不能……」造至少十句符合你內心想法的句子，這些句子通常會讓你感到緊繃或難受。我以自己舉例提供各位參考：我不能讓愛的人不開心、我不能失敗、我不能顯露出嫉妒、我不能胖、我不能生氣、我不能遲到……。

步驟 1

請寫下你的「我不能……」造句

1. 我不能

2. 我不能

3. 我不能

4. 我不能

5. 我不能

6. 我不能

7. 我不能

8. 我不能

9. 我不能

10. 我不能

步驟 2

「我不能」換成「我不想」

請把上述句子改成「我不想」，並寫下改造後的句子唸起來帶給你什麼不一樣的感受。舉例說明：

我不想讓愛的人不開心。

（感受：鼻子酸酸的，好像其實我壓抑了不少感受，但因為我不想傷害我們的關係，我害怕他們離開或難過，所以我往往選擇不說。）

1. 我不想＿＿＿＿＿＿＿＿＿＿

（感受：＿＿＿＿＿＿＿＿＿＿）

2. 我不想＿＿＿＿＿＿＿＿＿＿

（感受：＿＿＿＿＿＿＿＿＿＿）

3. 我不想＿＿＿＿＿＿＿＿＿＿＿＿＿＿＿＿
（感受：＿＿＿＿＿＿＿＿＿＿＿＿＿＿＿＿）

4. 我不想＿＿＿＿＿＿＿＿＿＿＿＿＿＿＿＿
（感受：＿＿＿＿＿＿＿＿＿＿＿＿＿＿＿＿）

5. 我不想＿＿＿＿＿＿＿＿＿＿＿＿＿＿＿＿
（感受：＿＿＿＿＿＿＿＿＿＿＿＿＿＿＿＿）

6. 我不想＿＿＿＿＿＿＿＿＿＿＿＿＿＿＿＿
（感受：＿＿＿＿＿＿＿＿＿＿＿＿＿＿＿＿）

7.我不想

（感受：）

8.我不想

（感受：）

9.我不想

（感受：）

10.我不想

（感受：）

如果你把「我不能」改成「我不想」後，感覺是比較釋然一些的，那表示你陳述的這件事是個現實層面的狀態，你會從比較緊繃激烈的情緒，轉成淡淡的無奈（例如，我把「我不能失敗」改成「我不想失敗」，明顯感覺到肩膀鬆開，因為「我不能失敗」讓我想起被父母責備的畫面，而「我不想失敗」，讓我釐清了，一件事的成功或失敗，有更多的是外力因素，時運機會等等，並非我能全然掌控的，情緒就從很用力地想抵抗失敗，變成較為放鬆、接納的狀態）。

倘若你的感覺反而更難受了，就表示你正在用「無能」做藉口在逃避你所陳述的事，請記得，只要承認與面對，就已經超級不簡單（例如，我把「我不能讓愛的人不開心」改成「我不想讓愛的人不開心」，說完有點鼻酸、難受，似乎我為了討人喜歡做了很多違背內心的事，也一直逃避去面對關係衝突，以為不說真心話、順著別人就沒事了）。

這個練習出自於完形治療的核心精髓，讓我們發現被外在評價壓制住、無能為力的自己，也能看見假裝成受害者、試圖逃避的自己，覺察之後就能有所鬆動，讓我們了解自己其實有很多選擇、決定的權力，開始為自己負責。

當我們人生卡關、徬徨無助時，的確什麼都做不了，唯有「語言」是可以馬上調整內在的最佳工具；甚至有研究指出，當我們說母語和外語的時候，會激發不同的性格，例如平常說中文時比較溫和內斂者，說英文時會更願意接受挑戰，或與人競爭，這都是因為語言文化有形塑我們的能力，既然如此，我們需要有意識地運用語言、文字，來形塑我們的大腦與感受。

小心，別無意識地被你自個兒說出的喪氣話給洗腦囉！

4.4 愛回最初始的自己

有一回，我因為對工作感到徬徨而找父母聊天，他們很用心地給我意見，認為我應該要積極和以前的人脈聯繫，向大家宣傳我正在從事的心理事業，但我的內心就是對這個建議感到抗拒，雖然我也沒生出更有建設性的看法，但就是不想那麼做。我清楚地知曉爸媽想幫助我解決問題，並且是出自於愛，但我卻同時感覺到心裡的受傷。在和我的心理師討論這莫名其妙的感受時，心理師問了我一句：「那你想聽到爸媽對你說什麼？」在愣了三秒鐘後，我突然潸然淚下：「其實，我只想聽到他們說『沒關係，慢慢來』。」

說也奇怪，當我自己說出「沒關係，慢慢來」之後，我感受到一股溫熱的暖流，流進我的胸腔，撐大了原本坍塌的肺部空間，能夠吸入更多的氧氣。原來，這就是我的「內在父母」在說話！

「內在小孩」（Inner child）這個概念同樣出自心理學家榮格，它代表我們天生、本能、最自由的樣貌，裡頭也有我們的創傷，那些從小沒被滿足的愛、照顧、關注、接納等需求。

不管我們的父母有多慈愛，都一定有不足的部分，所以長大之後當你對某件事感到非常憤怒、悲傷，通常都與內在小孩未滿足的經驗被喚起有關。

我們有「內在小孩」，就代表我們也一定有「內在父母」（這也符合了兩極同時存在的概念），但大多數人很抗拒這個部分，他們寧可當永遠的受害者、無能為力的幼兒，不斷地向外索求愛與關注，但最後會發現自己成了黑洞，別人給得再多也不夠。常言道：「我們要先愛自己」，但很多人不懂到底要怎麼愛？其實這份愛就是來自「內在父母」。**你一定比你真正的父母還要了解自己，究竟需要什麼品質的關懷與支持。**

這絕非在為父母定罪，因為父母也有自己的傷與限制；其實我們也需要父母的不完美，畢竟父母的好滋養我們長大，父母的壞讓我們成為自己。長大後，**雖然有別人的愛與陪伴也很重要，但真正能填補內在空洞的人，只能是我們自己。**

練習

成為自己的「內在父母」

這個練習可以引導我們找到內心自我照顧的能量，也幫助我們重新接納內在小孩，讓他恢復自由流暢、自在真實的狀態。

步驟1 仔細地描繪屬於你的內在父母

回答以下幾個題目，將你的內在父母樣貌描繪出來，你可以先想雙親其中任一位，或可以直接忽略性別，化作一個愛的綜合體即可。它能夠是任何樣子，可以和你的真實父母相像，也可以完全不相像，端看你認為怎樣的父母是最能給予滋養的，沒有任何限制。

請閉上眼想像，內在父母的樣子（包含五官、穿著、表情、看著你的眼神、語氣、身體姿勢、與你的距離等等）。

1. 你的內在父母有哪些特質？
2. 當你難過的時候，內在父母會說什麼、做什麼？
3. 當你生氣的時候，內在父母會說什麼、做什麼？
4. 當你挫折的時候，內在父母會說什麼、做什麼？
5. 當你不知所措的時候，內在父母會說什麼、做什麼？
6. 當你孤單的時候，內在父母會說什麼、做什麼？
7. 當你覺得自己很糟糕的時候，內在父母會說什麼、做什麼？
8. 當你覺得自己很棒的時候，內在父母會說什麼、做什麼？

步驟2 與內在父母建立關係

因為我們和內在父母長期的疏離，彼此還不夠熟悉，需要透過一些練習來重新建立關係，往後一旦需要愛的感覺，他們就能更順利地現身，給予你當下最需要的支援。特別提醒大家，步驟2需要閉上眼，在內心的畫面中完成。

請做幾個深呼吸，在內心找到一個你理想的「家」的畫面，空間、擺設、燈光、色調、傢俱，包含你與你的內在父母，正坐在這個家的哪裡，請認真地將這個畫面呈現在你的眼前。

請內在父母給你一個承諾，無論何時你需要他們，他們都會在。他們可能對你微笑、點頭答應，或是想像他們說出這樣的句子：「親愛的孩子，我會一直在這裡陪著你。」最後，看見內在父母將你緊緊擁進懷裡的畫面（可以抱一個抱枕、枕頭或娃娃增加觸覺記憶）。

如果想像畫面對你來說有困難（例如心盲症者[1]）你可以試試看想像聲音、身體感受，抑或給自己一個圖騰象徵這個溫暖的空間都行。

曾有一位個案進行完這個練習後，並沒有出現畫面、聲音，唯有心中暖暖的感覺，他在小紙條上畫了一個發著光的正方體，放入手機殼裡，他說：「這樣就能把『心家』隨身帶著了！」

請記得，只要你願意，療癒之門永遠為你敞開。

1 英國艾克斯特大學醫學院（University of Exeter Medical School）的認知行為神經學教授賽曼（Professor Adam Zeman）在二〇一〇年發現，有些人先天就無法在心中產生視覺心像（visual imagery），意指缺乏了在心裡想像畫面的能力，和臉盲症一樣都不是疾病，只是某些認知功能的特殊狀況。

4.5

讓生命幽谷成為練習接納力的最佳時機！

我常常在講座上「祝福」聽眾：「未來我們都會經歷生命的幽谷」，你可能會覺得，奇怪耶！不是應該祝福大家一帆風順嗎？

是的，你的腦袋肯定希望好運永遠跟隨自己，躺在沙發上就能日進斗金，但你的靈魂卻不是如此，它渴望體驗、渴望成長、渴望啟發、渴望愛，而這些渴望光靠躺在沙發上是無法得到的。

所以，**可怕的從來就不是幽谷，而是我們窮極一生、竭盡所能避免掉入幽谷，「不做就不怕失敗」、「不愛就不必傷心」，死命地待在平地，過著單薄的日子，以追求無痛為目標**，卻永遠不會曉得，自己的天賦究竟能發揮到哪、人與人的關係能走到多深。

那些深淵中的禮物，只有身陷幽谷，才能一探究竟。而更常見的是，你不入幽谷，幽谷也會自來（中年危機就是幽谷自來的一種顯現），**不如從此刻起，當**

遇人不淑、遭逢打擊或跌落幽谷時，就將它看作是你練習接納力的最佳時機，你會發現，自己的原廠設定竟如此豐盛、強大，能幫助自己在任何起伏中安在。

接下來這個「起伏中安在練習」，是以「正念」（mindfulness）[2]為核心概念的方法，「正念」的「正」字並不是正面思考，相反的，它是正面與負面之外的第三度空間，是不偏不倚、涵容一切；而「正念」中的「念」，則是「今」「心」的組合字，代表此時此刻，對當下的留心。所以「正念」的意思，就是不帶評價地專注於此刻的心。

我們都太習慣「評價」一切，經常在心裡說「我過得好不順」、「我好沒用」，執著於一定要照自己期望的發展才叫順，才叫有用。但是越執著，越看不清旁邊無限的可能性。所以這個練習的目的，就是拓展我們因評價而限縮的視野，增加對風浪、幽谷的耐受力。

2　麻省理工卡巴金教授將東方的「禪」（meditation）引入西方，佐以大量科學研究實證，成為當代心理學主流派別之一。正念的兩個核心理論為：第一，回到當下，對此時此刻的體驗與覺察；第二，對所有經驗沒有好壞評價，僅帶著好奇、開放、接納的態度。

練習

起伏中安在

步驟1 當不順心的人事物出現時，請讓自己先暫停下來

當日子無法順著我們的意進行時，常見的反應要不是憤怒掙扎、就是哀怨自憐。此時，切勿急著做出行動，先找一個安靜舒適的所在，像個好奇的科學家，仔細觀察自己。

用以下三個題目，如實紀錄自己現在的狀態（寫在筆記本或手機的備忘錄都可以）：

1. 我發生什麼？
2. 我的身體哪些部位有感覺？請仔細描述這些感覺。
3. 我現在的情緒有哪些？（通常情緒會多種同時呈現，例如生氣底下有難

過、委屈，把它們盡量找出來）

步驟2 呼吸

給自己五到十分鐘的時間，坐著或躺著，閉上眼睛，把注意力放在鼻孔前緣處，感受空氣吸進鼻腔以及吐出鼻腔的感覺。

步驟3 持續專注在呼吸，但同時觀察進出腦袋的想法

在進行步驟2時，你的大腦也許會不斷湧入剛剛發生的事件，這是很正常的，我們只要以「觀察者」的視角，有距離地看著這些想法、情緒或身體狀態。

不用急著甩掉討厭的感覺，也無需強留喜歡的感覺，讓它們都成為一片片的雲朵，飄進來又飄出去，你依然是穩穩地觀察者，隨時讓注意力回到鼻孔前緣或腹部。

如果發現自己開始「評價」，或專注力被想法牽走時，請無需自責，只要輕輕地看見、緩緩地放下，再重複一樣的流程，回到對呼吸的注意即可。

步驟4 繼續回到生活，做當下可以做的事

看似簡單，如同廢話的步驟，卻是最難做到的。當我們遇上不順心的情境（例如失戀），很多人的起居作息就跟著亂了套，暴食或乾脆不吃，環境骯髒混亂，工作時渙散分神，甚至走路不看路，所以我認為，找到一件當下可以做的事，並且專注其中，是非常有效的療癒歷程。

這件事可以是專注地品嚐一碗麵，專注地讀一本書，專注地和眼前的人對話，或專注地把工作的瑣事完成。如果一時間不知道能做什麼，那就專注地打掃吧！除了內心、外貌是我們整體的一部分，我們所處的家以及辦公空間，也都反映著我們的個人狀態。

紅遍全球的家事整理諮詢師近藤麻里惠，在實境節目《怦然心動的人生整理

魔法》中，邀請大家親手拿起每個物品，去感受內在是否出現喜悅感，如果沒有，就請在感謝它的付出後，對它道聲再見，進而讓我們的心靈與環境，都充滿著最適合自己的能量。

透過這個步驟，我們可以順道檢視，自己的工作、生活方式、擁有的物品、身邊的人，依然適合我們嗎？抑或我們已經該向他們道別了呢？

「起伏中安在」簡單易懂的四步驟，卻蘊藏著習慣衝刺打拚的人們最需要的智慧——等待熟成的耐心。你所期待的成功，不一定是一味地「衝衝衝」就能到達的，醞釀與發酵都需要時間。

進行這個練習並不保證我們永遠順遂如意，但卻是為了讓我們無論身處何種逆境、低潮、幽谷中，都保有溫柔接納自己的能力。

4.6

接納力UP過程中會發生的事

在接納力提升的過程中，因為需要面對內心陰影與創傷記憶，認清真實我與理想我的差距，勢必不會太舒服。為了減少各位的困惑與阻礙，想在最後這節說明一下，有哪些特殊狀況可能會在我們邁向「完整」、越來越有「接納力」時出現，讓你有更萬全的心理準備。

過度認同你的陰影

我們很容易混淆「接納」與「認同」的意思，簡單來說，「接納」是清晰地看見自己，愛自己，也同時看得見別人，愛別人；「認同」則比較偏向無論別人怎麼想，我就認定自己是這樣。

透過之前的練習，當我們開始覺察到某些陰影的存在後，有些人會過度認同它，就像青少年時期的口頭禪：「只要我喜歡，有什麼不可以！」的那種心情，你的陰影可能會故意引發別人不好的印象，為自己設下許多阻礙。

許多人是沒有機會在青少年階段叛逆的，若你一直以來也屬於特別聽話、乖巧的那一群，就比較容易在練習「接納」的過程裡發生過度認同陰影的情形。

其實，這不是什麼壞事，更像是你需要重新經歷、去完成你的叛逆期。例如，剛開始意識到「自私」陰影的人，可能過去常被當成濫好人剝削利用，現在你就會出現極端的反差，決定「我再也不要幫助別人，不要再為別人著想，我只需要照顧我自己的感受」。

暫時有這樣的想法也無妨，**只要我們持續保持覺察，知道這不是接納力的最終目標，我們終究無法遺世獨立，你就能慢慢地從極端回歸平衡，找到一個於內心、於外界都最舒適自在的狀態。**

過度認同你的人格面具

另一些人，則會因為陰影壓抑地太深，或週遭的禁止太強烈，而更用力地緊抓「人格面具」不放，認為只有面具的自己是「好的」，就算看見陰影也絕對不可以讓它現形。

用「自私」舉例來說：突然發現原來自己有「自私」這一面的人，若周遭的人仍不斷要求你要付出、不求回報才是有價值的展現，你可能反而會因此對旁人更加體貼、做出更多討好的行為，深怕別人發現了你的自私後會不再有價值，遭到眾人討厭等等。

心理學中所謂的「反向作用」（reaction formation），就是一種過度認同人格面具的顯現，「反向作用」是一種心理防衛機制，意指潛意識為了防止內心危險、具威脅性的欲望或衝動被展現出來，人會用力地展現相反的行為。

掉入另一個極端裡的你會感覺很疲憊，因為你似乎離原廠設定的自己越來越遠，不過我也很常看見在這狀態下的個案，突然到某一天告訴我：「我真的受夠了！到此為止」的宣言。所以同樣的，只要清楚知道你在這段旅程中的那個位置，給自己多一點時間與耐心，轉化就會出現。

過度地自我膨脹

在接觸「接納」這個概念時，有些人好像瞬間得到赦免般，覺得自己的一切都太好了，甚至開始產生高人一等的念頭，認為其他還不了解接納力的人真傻，忍不住傳福音似的到處向人說教「你應該要接納自己呀！」、「你這樣不夠自我接納喔！」

當然，接收到我們喜歡的信念時，的確會想與其他人分享，如果你只是單純述說自己的心得、成長，或是推薦他讀讀相關書籍，這樣很棒，但一旦變成「對他人的批判指教」，就已與接納力背道而馳了。

因為，**真正的接納力會由對自身的接納，拓展到對他人的、對境遇的、對世界的接納，你能夠放下對一切的控制，讓他們用自己的方式與時程，過他的人生、成為他自己。**

另外，有些身心靈課程、書籍也常讓我們掉入自我膨脹的陷阱裡，以為我們什麼都不用做，認同現在的自己好棒棒，就夠了；但如果我們不將陰影、痛苦、創傷一一審閱，它們是不會有轉化的。

這就是為什麼我不斷強調，「接納」絕不是被動接受，反而是有夠積極主動的作為，只是將積極面從向外追尋物質成就，轉為向內的覺察與涵容。

茫然，不知道該怎麼辦

人類天生就對具體的、看得到摸得著的物質比較有感，對於模糊的、內在的空間容易感到不知所措，所以如果你在觸碰接納力這個概念後反而變得更茫然、不知道該怎麼辦時，我想邀請你先回到實際的層面。

例如學業、交友、工作、生活品質上去建立起一些信心，即便很物質的層次也無妨，因為當我們的「自我」還非常脆弱、渺小、自卑時，真的比較難跳到「自我接納」步驟。

旁人（尤其是重要他人）對你的抗議或批評

當我們開始活出自己，勢必在言談、行為與選擇上也會和過去不太一樣，此時身邊的人不一定都能立刻為你開心。

繼續以前述中提及的「自私」陰影為例，當你接納了自私，將自己的福祉列入考慮，你肯定不會再什麼請求都答應、什麼苦差事都往肩上攬，這時候對你付出感到習慣的人肯定會抗議，認為你太自私了、不像以前那麼善良了、都不愛他們了等等。

這時候我們該做的是要學習溝通技巧，向身邊的人解說這並非不愛他們，是為了更長遠的關係進行的必要調整。

接納自己絕對不是從此忽視旁人的言論，反而是因為對自己有了最清晰的理解，就能好好地分辨外界的話語中，哪些是可以收進來當作參考，哪些是出自於他們自己的不安與恐懼，不會混為一談。

倘若你出現了上述情形，代表你正在修復內心的陳年舊傷，如同醫療上的

「好轉反應」，一開始清理這些累積多時的毒素病灶時，可能會比治療前更加不適。但誰說進步一定是「直線上升」的呢？

其實，**絕大多數的成長都是「盤旋上升」的**，就像繞山路，你看似好像走過這個崖，看過這片景，就以為自己退步、回到原點，殊不知你早已提升一個檔次，來到海拔更高的地方。

相信你讀到這裡，已經歸納出獲得接納力的關鍵方法，那就是**耐心地帶著覺察去認識真實的你，並勇敢地活出你的原廠設定，愛回初始的自己**。

希望這本書能成為你心中的小小火把，陪著你打開一間又一間幽暗的心房，也請用你最獨特的方式，讓火焰越燒越明亮，吸引更多的人和你一起發熱發光。我情不自禁地邀你一同想像，若這世界上，每個人都接納了自己，那將會是個多麼美好的畫面！

0AHT0021一心靈方舟

活出你的原廠設定

正視內在渴望，完整接納最初始的自己！

作　　者　蘇予昕
封面設計　D-3 Design
內文版型　楊雅屏
攝影協力　王愷云
造型協力　劉欣宜
髮型協力　何　屏
副 主 編　盧羿珊
行銷主任　汪家緯
總 編 輯　林淑雯

出 版 者　方舟文化／遠足文化事業股份有限公司
發　　行　遠足文化事業股份有限公司（讀書共和國出版集團）
地　　址　23141 新北市新店區民權路 108-2 號 9 樓
電　　話　+886-2-2218-1417
傳　　真　+866-2-8667-1851
劃撥帳號　19504465
戶　　名　遠足文化事業有限公司
客服專線　0800-221-029
E-MAIL　service@bookrep.com.tw
網　　站　http://www.bookrep.com.tw/newsino/index.asp
排　　版　菩薩蠻電腦科技有限公司
製　　版　軒承彩色印刷製版有限公司
印　　刷　通南彩印股份有限公司
法律顧問　華洋法律事務所｜蘇文生律師

定　　價　380 元
初版一刷　2020 年 3 月
初版十一刷　2024 年 8 月

國家圖書館出版品預行編目 (CIP) 資料

活出你的原廠設定：正視內在渴望，完整接納最初始的自己！/ 蘇予昕著. -- 初版. -- 新北市：方舟文化出版：遠足文化發行，2020.03
面；　公分. --（心靈方舟；AHT0021）

ISBN 978-986-98448-8-8(平裝)

1. 自我肯定 2. 自我實現

177.2　　109000916

方舟文化官方網站

方舟文化讀者回函